人类文明的電子軌迹

电子科技博物馆馆藏精品

赵轲 主编

电子科技大学出版社
University of Electronic Science and Technology of China Press
·成都·

图书在版编目（CIP）数据

人类文明的电子轨迹：电子科技博物馆馆藏精品 / 赵轲主编 . -- 成都：电子科技大学出版社，2021.3
ISBN 978-7-5647-8800-1

Ⅰ . ①人… Ⅱ . ①赵… Ⅲ . ①电子科技大学 – 博物馆 – 陈列品 Ⅳ . ① G269.269

中国版本图书馆 CIP 数据核字 (2021) 第 049704 号

人类文明的电子轨迹：电子科技博物馆馆藏精品
RENLEI WENMING DE DIANZI GUIJI: DIANZI KEJI BOWUGUAN GUANCANG JINGPIN
赵　轲 主编

策划编辑 谢忠明 岳 慧
责任编辑 岳 慧

出版发行 电子科技大学出版社
成都市一环路东一段 159 号电子信息产业大厦九楼 邮编 610051
主　　页 www.uestcp.com.cn
服务电话 028-83203399
邮购电话 028-83201495

印　　刷 四川煤田地质制图印刷厂
成品尺寸 230mm×280mm
印　　张 10.5
字　　数 176 千字
版　　次 2021 年 3 月第一版
印　　次 2021 年 3 月第一次印刷
书　　号 ISBN 978-7-5647-8800-1
定　　价 139.00 元

编 委 会

电子科技博物馆
Electronic Science And Technology Museum

前言

PREFACE

电子科学技术是从19世纪开始发展的新兴技术，是近代科学技术发展的重要驱动力。以通信、雷达、广播电视、电子测量仪器、电子元器件、电子计算机为代表的电子工业的兴起，彻底改变了人类的生活，对全球的经济和文化产生了深远影响。

中国第一座综合型电子类博物馆——电子科技博物馆于 2016 年 9 月开馆。截至 2021 年 1 月，馆内收藏了记录电子科技发展历程的藏品 14 489 件，囊括了完整的电子工业范畴。《人类文明的电子轨迹：电子科技博物馆馆藏精品》是基于馆藏藏品编写的图录，旨在向广大读者展示电子科技发展史上的瑰宝，可作为电子信息类学生通识教育读本。

本图录甄选出 54 件 / 套通信、雷达、广播电视、电子测量仪器、电子元器件和电子计算机发展历史上具有代表性的藏品，通过图文解读，展现其对国防、经济、文化等方面带来的重要影响，记录一代代电子科技工作者做出的卓越贡献。

本图录的部分资料由电子科技博物馆学生管理委员会协助收集整理。学生积极参与科普教育，从科普的受益者转变成科普的探索者和传播者。电子科技博物馆一方面作为博物馆发挥其公共教育的职能，另一方面从高校的角度出发深化教育。

电子科技博物馆愿以本图录为读者打开一扇认识电子科技的窗口，在了解电子科技发展脉络的同时，畅想电子科技的未来走向。电子科技博物馆也会继续此份事业，深入藏品研究，开展科普教育，为学者提供更多科研素材。也望能与各类机构、更多同行进行深入的交流，合作开展学术研究，为电子科技的发展做出贡献。

Contents
目 录

藏品集萃

×

COLLECTIONS

第一章 Chapter 1

通信

插绳式人工交换机

长 66 cm 宽 37 cm 高 129 cm，20 世纪 80 年代，上海电讯器材厂

插绳式人工交换机在电话交换过程中的接线、拆线等作业，完全由话务员用手工操作完成，其接线速度慢、效率低，适用于早期用户数量很少的情况。随着用户数量增多，逐渐被自动电话交换机所取代。

西藏450M通信系统“好易通”基站
西藏450M移动通信系统是中央为解决西藏农牧地区通信难题特批的项目，是首批服务于珠峰附近区域的海拔最高的通信系统。
iSiteC
HUAWEI

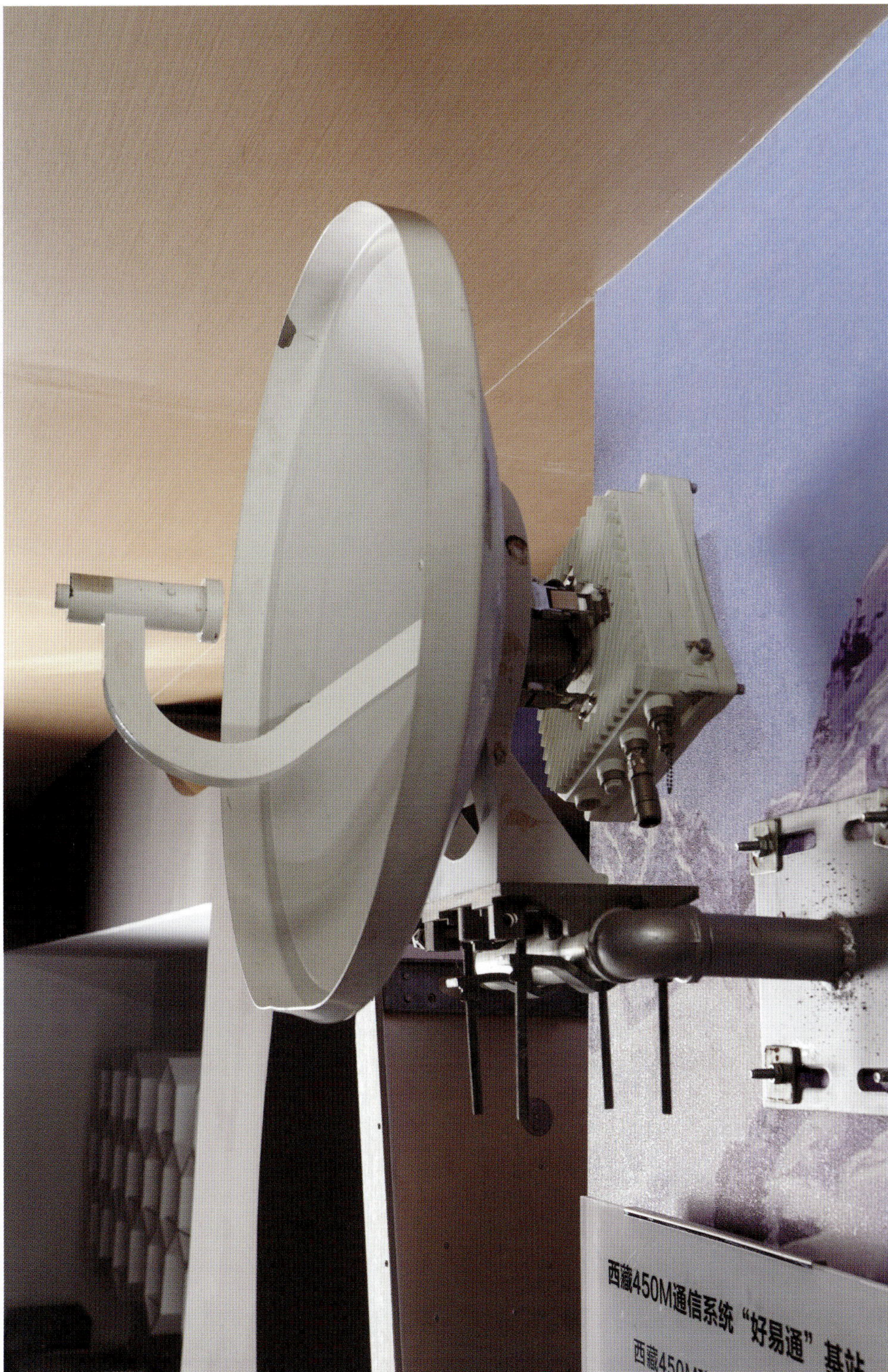

西藏 450M 通信系统“好易通”基站

主机设备：长 46 cm 宽 34 cm 高 72 cm，天线 1：直径 67 cm，天线 2：长 40 cm 宽 18 cm 高 198 cm

西藏 450M 移动通信系统是党中央为解决西藏农牧地区通信难题特批的项目，是首批服务于珠峰附近区域的海拔最高的通信系统。与同期第二代 GSM 移动通信基站相比，其具有信号强、覆盖面广的特点，为西藏通信事业做出了巨大贡献。

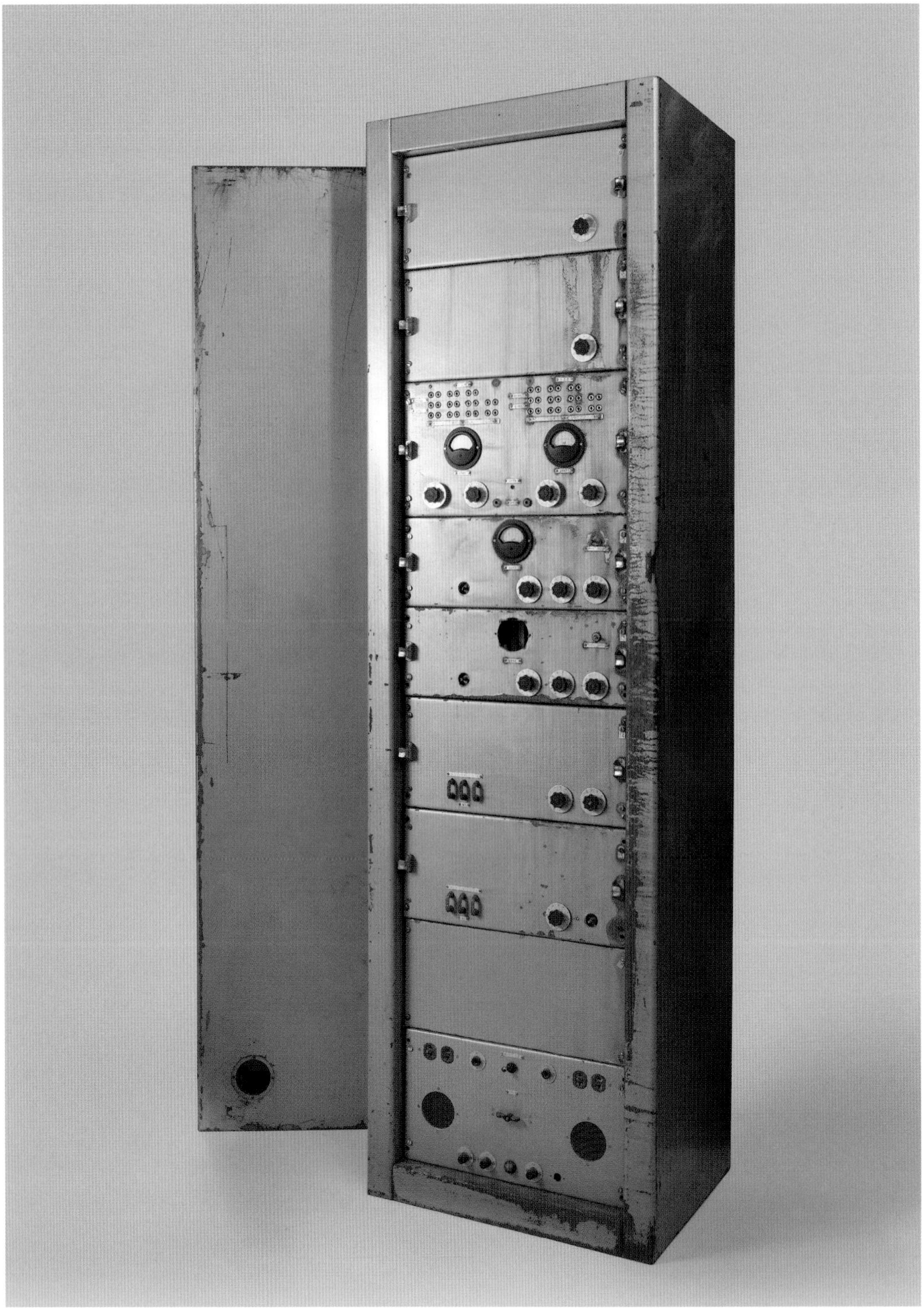

马可尼收讯机

长 46 cm 宽 34 cm 高 213 cm，20 世纪 60 年代，英国马可尼公司

在 20 世纪 50 年代末，美、苏冷战使世界紧张局势加剧，中国面临来自多方面的公开和潜在的侵略威胁和战争挑衅。党和国家领导人把“备战”作为当时的政治战略和经济战略，于 1966 年在四川兴建“国际电台”，1969 年年底基本完成设备安装，通信能力覆盖全球。该设备当时从英国进口，用于四川国际电台建设。

250 瓦单边带发射机

长 73 cm 宽 52 cm 高 78 cm，20 世纪 60 年代，英国马可尼公司

英国马可尼公司在世界电信设备行业中一直占有重要席位，是英国最大的通信和 IT 设备提供商，其发射机和收讯机均是当时最先进的通信设备。中国虽然受到西方国家的技术封锁，仍然通过各种途径购买到马可尼公司的产品，确保了四川国际电台的正常运行。

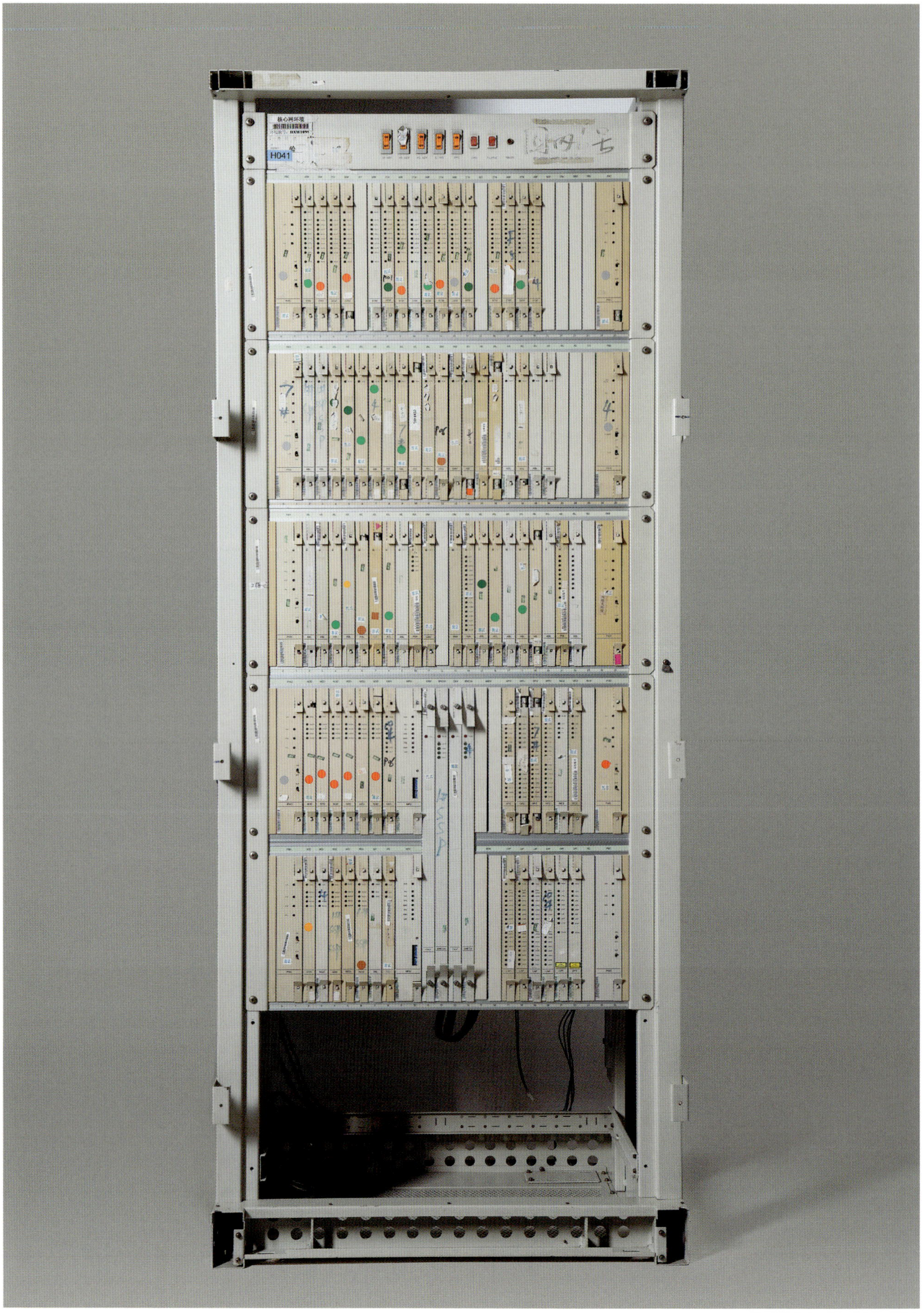

华为 C&C08 数字程控交换机

长 79 cm 宽 55 cm 高 194 cm，20 世纪 90 年代，华为技术有限公司

程控交换设备是通信网中至关重要的设备。1993 年，华为技术有限公司成功研制 C&C08 数字程控交换机，在软件设计方法和工程化水平上都取得了较大突破，一经推出即迅速占领了国内市场，成为华为发展历史上里程碑式的代表产品。

25V 35V
2A

八一小型（C）电台

长 26 cm 宽 30 cm 高 22 cm，20 世纪 80 年代

八一小型（C）电台是在八一型电子管短波电台基础上改进而成的。八一小型（C）电台采用全晶体管电路，镁铝合金制造，具有小巧、轻便的特点，面板布局干净简洁，指示表头和调谐频率显示窗以及各种控制旋钮都很符合人机工程学，指针头部和考察点附近使用了荧光材料，方便夜间使用。

国营第七一三厂制造

北斗天线

直径 20 cm 高 16 cm，21 世纪初，国营七一三厂

北斗卫星导航系统是中国着眼于国家安全和经济社会发展需要，自主建设运行的全球卫星导航系统，是为全球用户提供全天候、全天时、高精度定位、导航和授时服务的国家重要时空基础设施。目前北斗导航系统已经广泛应用于各类车载终端，运用效果良好。

960 激光通信机

960 激光通信机是电子科技大学研究的第三代激光大气通信项目，采用玻璃结构内腔式 CO_2 激光器发射 10.6 μm CO_2 激光，具有良好的穿透雾、霾的能力。采用成本较低且易于加工的“球面卡塞格伦望远镜系统”作为 960 激光通信机的发射与接收天线。通信距离可达 5 km~10 km，可传输 960 路电话或多路彩色电视信号，成功地解决了通信的接口技术难题，曾用于黄河两岸进行抢通外场试验，并取得了成功。

①光通信通路架部分

长 26 cm 宽 89 cm 高 148 cm，20 世纪 80 年代，电子科技大学

②光学天线部分
长 43 cm 宽 63 cm 高 139 cm， 20 世纪 80 年代，电子科技大学

02

第二章 Chapter 2

雷达

860 型炮瞄雷达

长 435 cm 宽 227 cm 高 241 cm，20 世纪 60 年代，陕西黄河集团有限公司

860 型炮瞄雷达的国防装备统一型号序列为“瞄－5 型高射炮射击瞄准雷达”。它是我国在苏联 COH－9A 高射炮射击瞄准雷达基础上自行设计改进，具有“S”“X”波段的双波段高射炮射击瞄准雷达，是我国第一部国产炮瞄雷达。

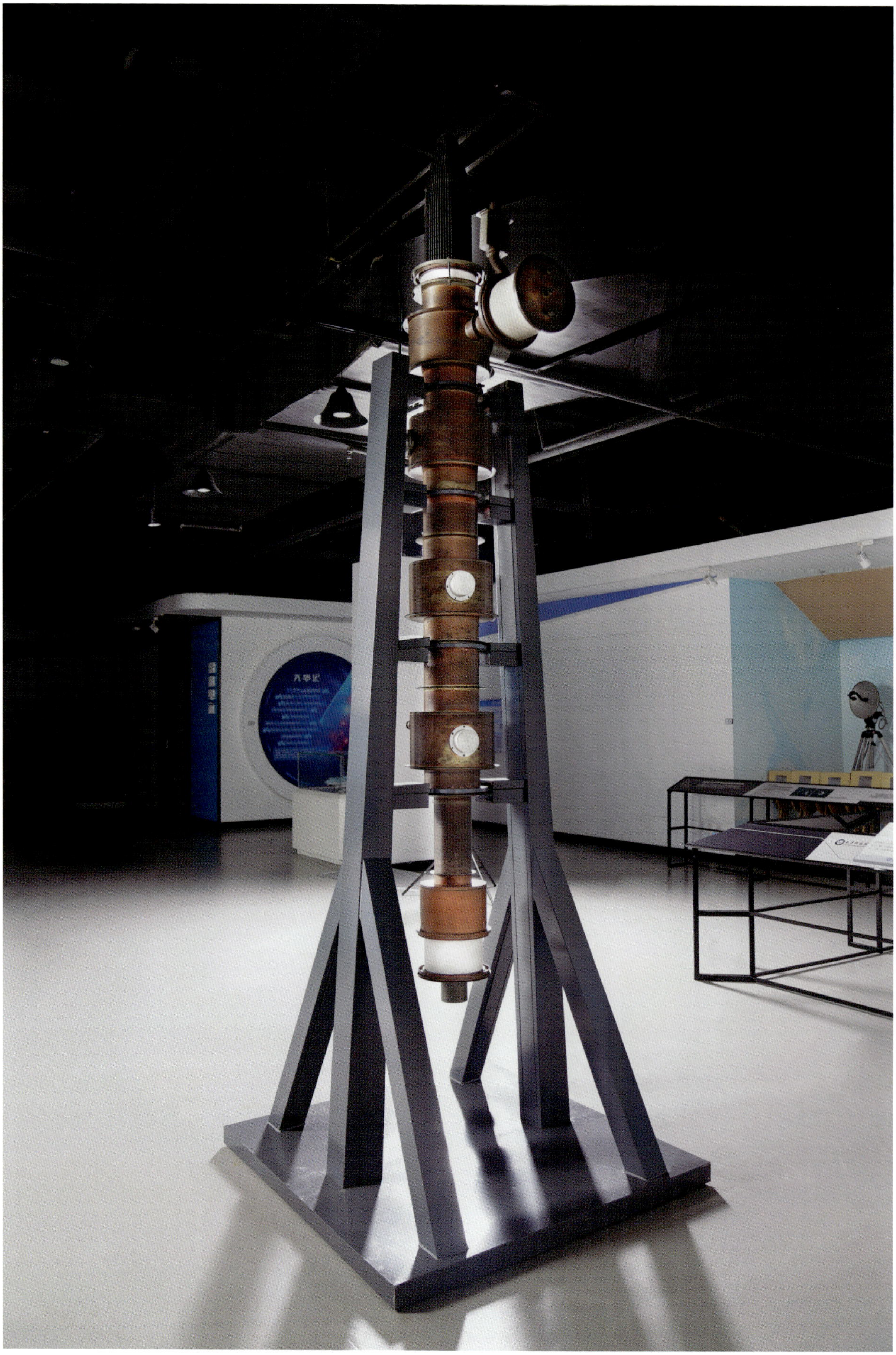

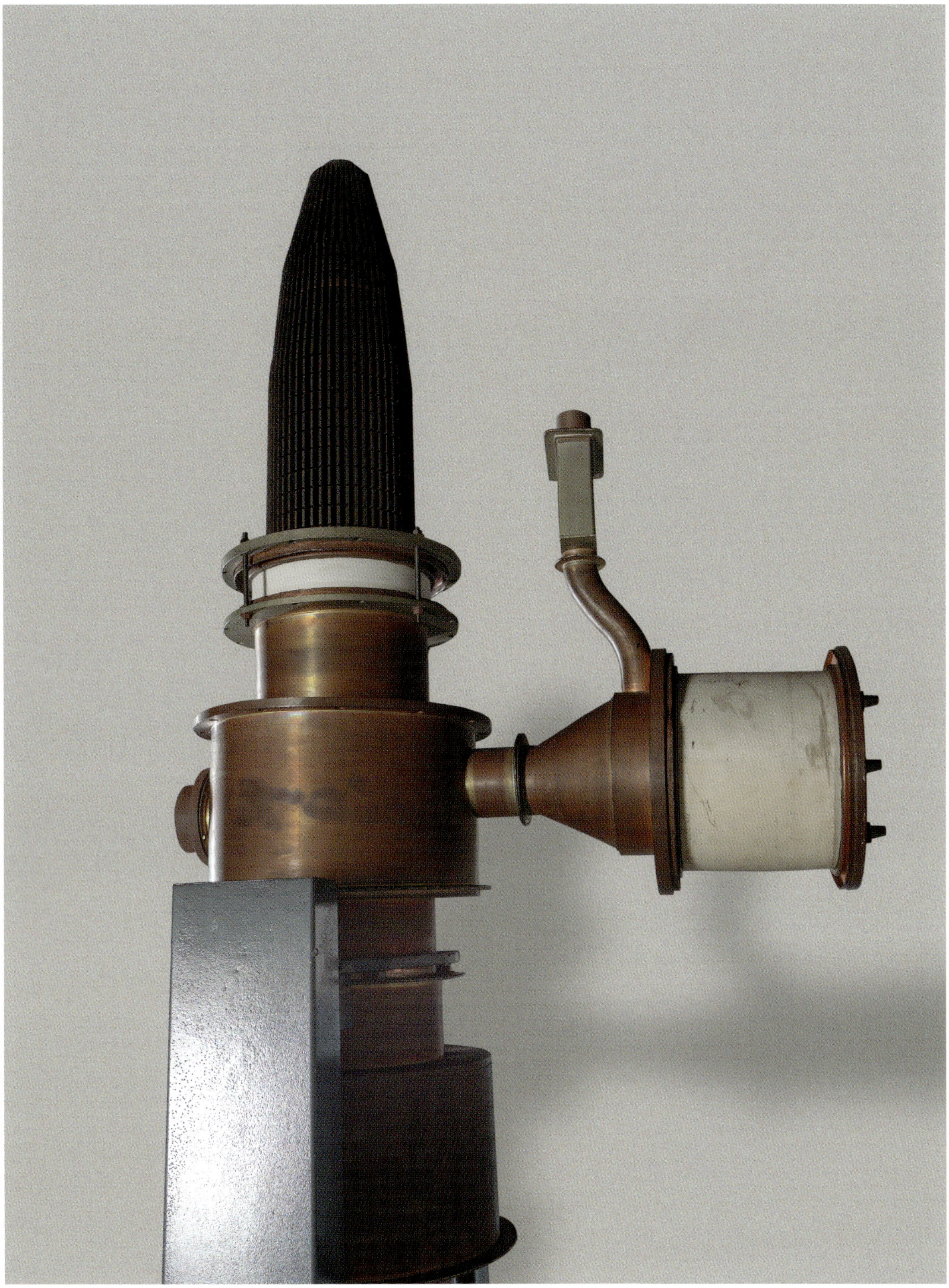

大功率速调管

高 300 cm 直径 30 cm，20 世纪 70 年代，中国电子科技集团第十二研究所

速调管是微波电真空器件的一种，该速调管为分米波段高功率，脉冲输出功率为 2.5 MW，平均功率为 50 kW。速调管为 4 腔结构，带输出窗时最大半径为 70 cm，重 200 kg。曾用于我国第一代超远程陆基战略预警 7010 相控阵雷达和 110 超远程单脉冲精密跟踪雷达。

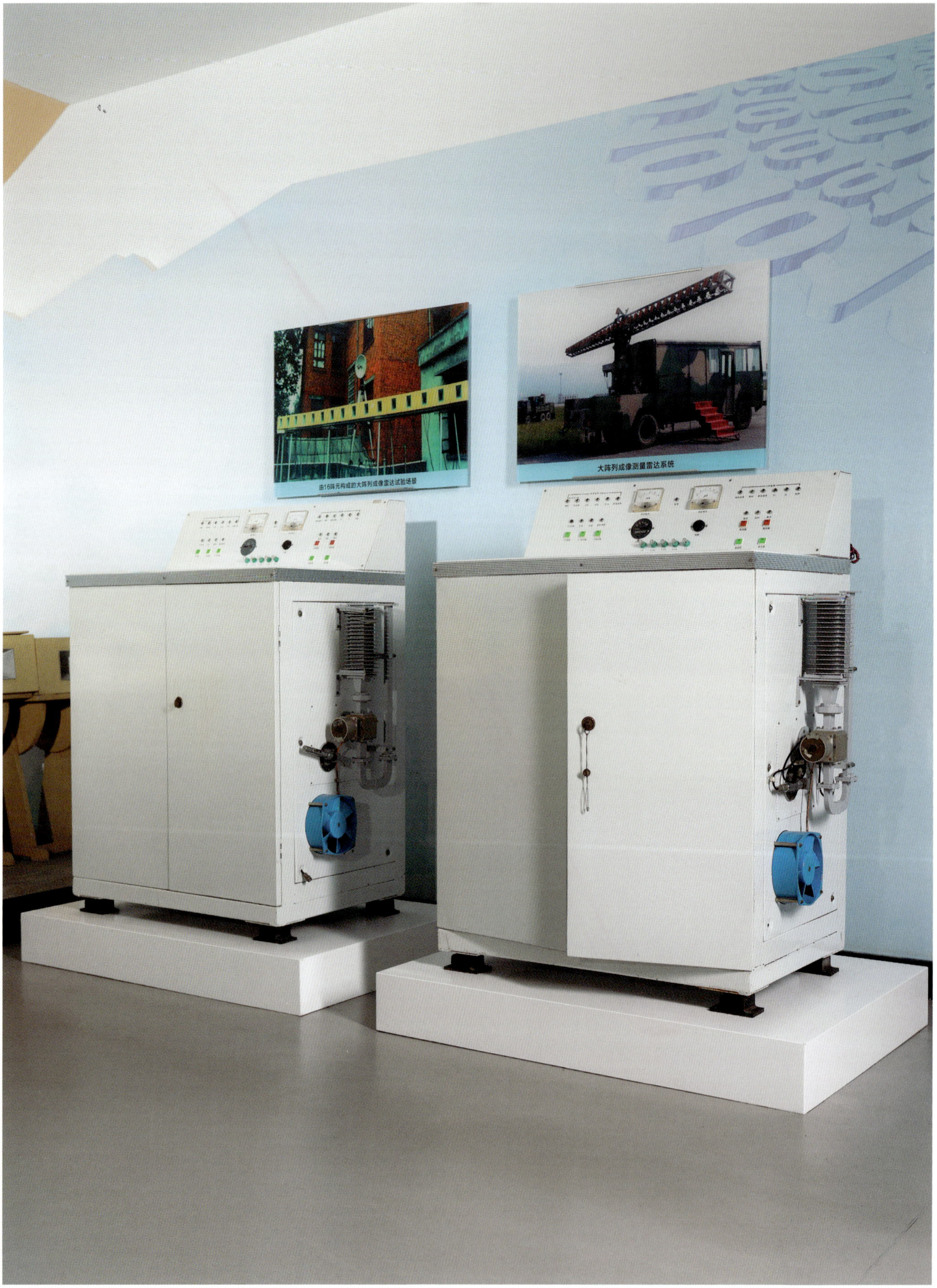
由16阵元构成的大阵列成像雷达试验场景
大阵列成像测量雷达系统

X 波段大天线阵列成像雷达试验系统

1991 年，电子科技大学

电子科技大学雷达与定位团队在“八五”期间开始了大天线阵列成像技术的研究工作，于 1991 年研制完成由分置的发射单元和 16 个接收阵元组成的“X 波段大天线阵列成像雷达试验系统”。1991 年通过由机电部电科院组织的专家鉴定，鉴定委员会专家一致认为：“该系统属国内首创，技术难度很大，涉及面很宽，课题组立足国内，自力更生圆满完成该系统研制，是我国成像测量雷达研究领域的一项突破性进展，达到国际 80 年代末期先进水平，具有广泛的应用前景。”同年，获得机械电子工业部科技进步二等奖。

海事雷达 I

长 68 cm 宽 88 cm 高 138 cm，1993 年，日本古野电气株式会社

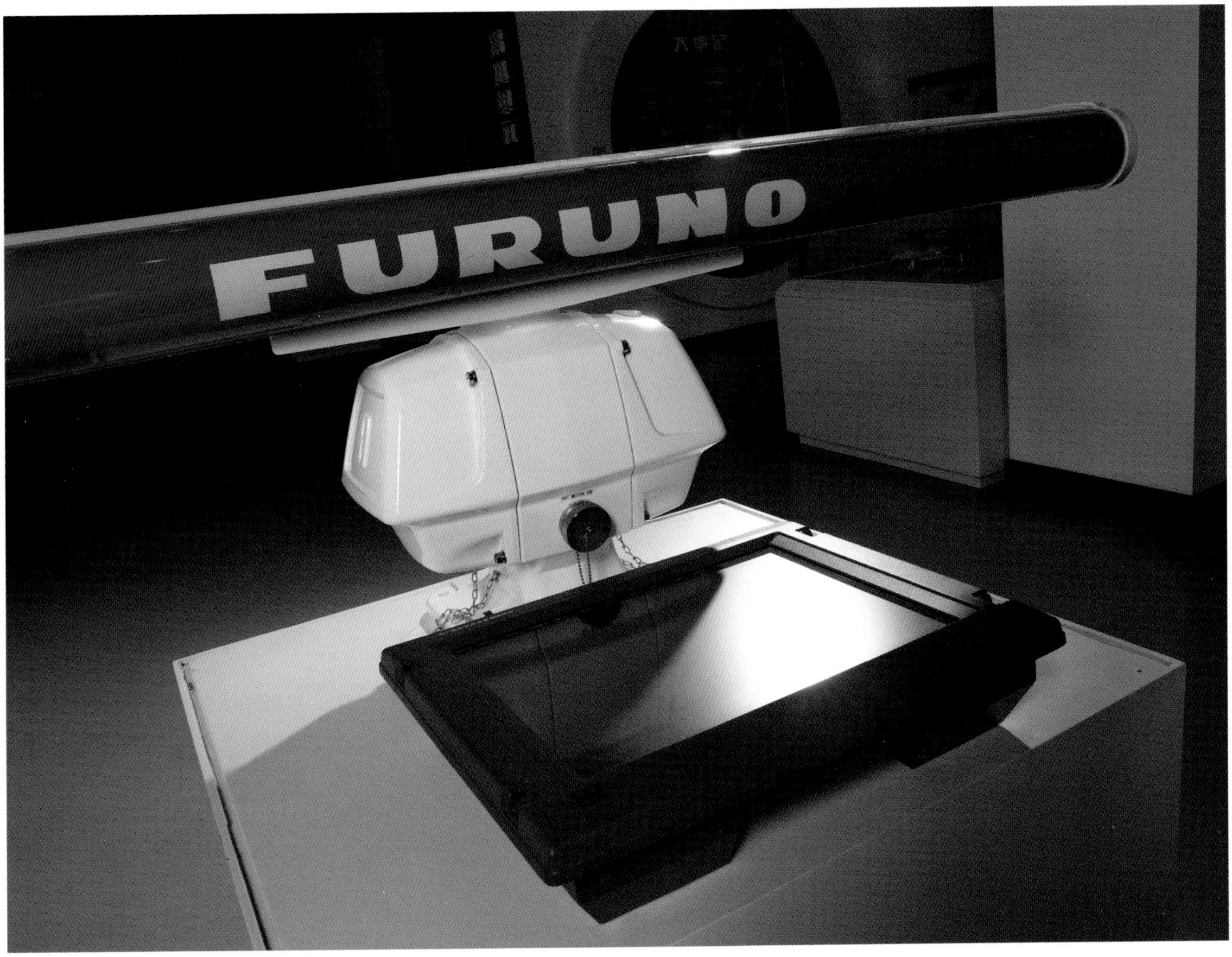

海事雷达Ⅱ

长 204 cm 宽 34 cm 高 59 cm，2009 年，日本古野电气株式会社

古野电气株式会社（Furuno）是一家日本电子公司。古野于 1938 年在日本长崎创建该公司，主要产品是海洋电子，其中包括雷达系统、探鱼器和导航仪器。

03

第三章
Chapter 3

广播电视

RECORDING LEVEL
NORMAL
OVER
WEBSTER-CHICAGO

WEBSTER CHICAGO
WIRE RECORDER
LICENSED UNDER ARMOUR PATENTS
OPERATE ONLY ON A.C. CURRENT AT
VOLTS CYCLES WATTS
CHICAGO 39, ILL. U.S.A.
TO REPLACE TUBES -
REMOVE THIS PLATE.
TO REPLACE PILOT LAMP -
REMOVE FOUR CROSS HEADED
SCREWS IN COVER AND LIFT
TOP COVER OFF
SERIAL NO.

钢丝录音机

长 26 cm 宽 32 cm 高 13 cm，韦伯斯特芝加哥公司

钢丝录音机是最早的一种磁存储技术，它将模拟信号的音频在细钢丝上进行磁性存储。图中展示的钢丝录音机外部为金属外壳，扩音需采用耳机或耳放，用于与收音机或放大器的外部连接。1954 年，磁带录音机和密纹唱片开创了“高保真”时代，导致美国的钢丝录音机迅速退出了市场。

SHORT WAVE
STANDARD BROADCAST

珍妮诗落地式电子管收音机

长 73 cm 宽 37 cm 高 105 cm，20 世纪 30 年代，珍妮诗广播公司

珍妮诗落地式电子管收音机是世界上第一代调频广播收音机，含有 12 个电子管，其中 3 个用于调频。

直放式电子管收音机

长 75 cm 宽 27 cm 高 24 cm，20 世纪 30 年代

直放式收音机属于调幅收音机的一种，其电路简单，容易成功。但是在收听时它的性能并不让人满意，这种收音机能收到的电台不多，其灵敏度和选择性都很差。

飞歌电子管收音机

长 38 cm 宽 27 cm 高 45 cm，20 世纪 30 年代，美国飞歌公司

飞歌电子管收音机为木质外壳，其外形设计受教堂影响，采用哥特式拱门造型。在拱门的前部铺有枫木，并为拱门加固。

红波电子管收音机

长 42 cm 宽 27 cm 高 24 cm，20 世纪 60 年代，上海 101 厂

红波电子管收音机是上海 101 厂生产的六管二波段（中波和短波）交流电子管收音机，该机在 1979 年获得第七届全国收音机评比三级台式机（电子管）一等奖。

红波 HongBo
音量
音调
中波
短波
YINLIANG
YINDIAO
BODUAN

GRUNDIG
Music-Boy Transistor 200 E
(14—1172—91)
GRUNDIG
ORIGINAL

根德晶体管收音机

长 23 cm 宽 7 cm 高 14 cm，20 世纪 50 年代，德国根德公司

晶体管收音机是一种小型的基于晶体管的无线电接收机。在晶体管出现以后，收音机才开始真正普及。德国根德生产的 Music-Boy 200E 晶体管收音机就是这段历史的见证。该款收音机接收的信号为中短波信号，采用超外差架构进行接收和解调中频 460 kHz。收音机内部采用晶体管结构使得该机型体积和重量较小，另外，外部手提包式的小巧设计也使得它轻便易携。

夏普收音机

长 68 cm 宽 20 cm 高 23 cm，20 世纪 90 年代，日本夏普公司

夏普 GF-800Z 收录机功能全面，它既是一台收音机，又是一台磁带机，更是一台磁带的转录机。

SHARP
TAPE 1
TAPE 2

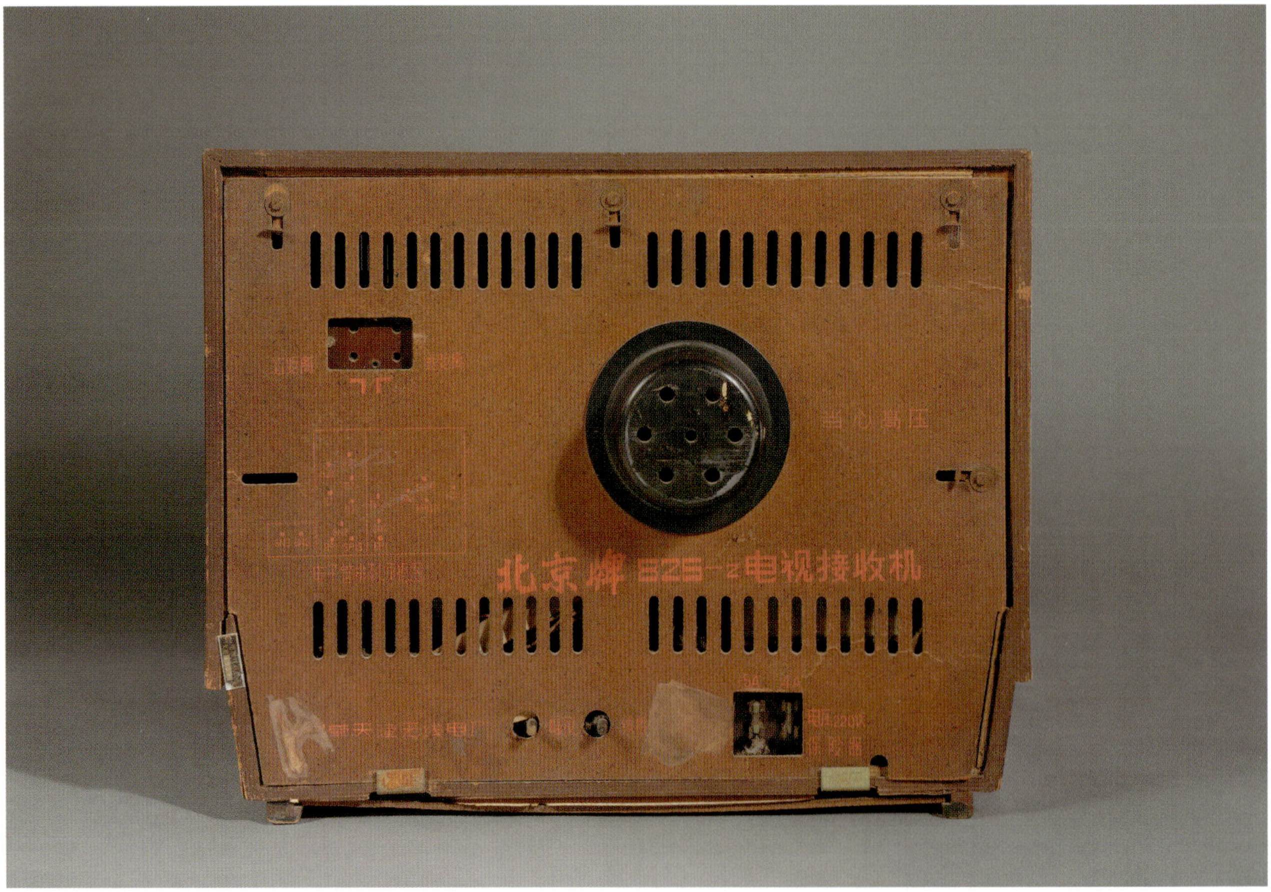
北京牌 825-2电视接收机

北京牌电子管黑白电视机

长 44 cm 宽 44 cm 高 38 cm，20 世纪 60 年代，国营天津无线电厂

北京牌电视机是我国首批自主研制的电视机品牌。1958 年，被誉为“华夏第一屏”的北京牌 820 型 35 cm 电子管黑白电视机诞生，随后北京牌电视机又推出了 825 型等系列，为中国国产电视事业发展做出了巨大贡献。

上海廣播器材厰制造

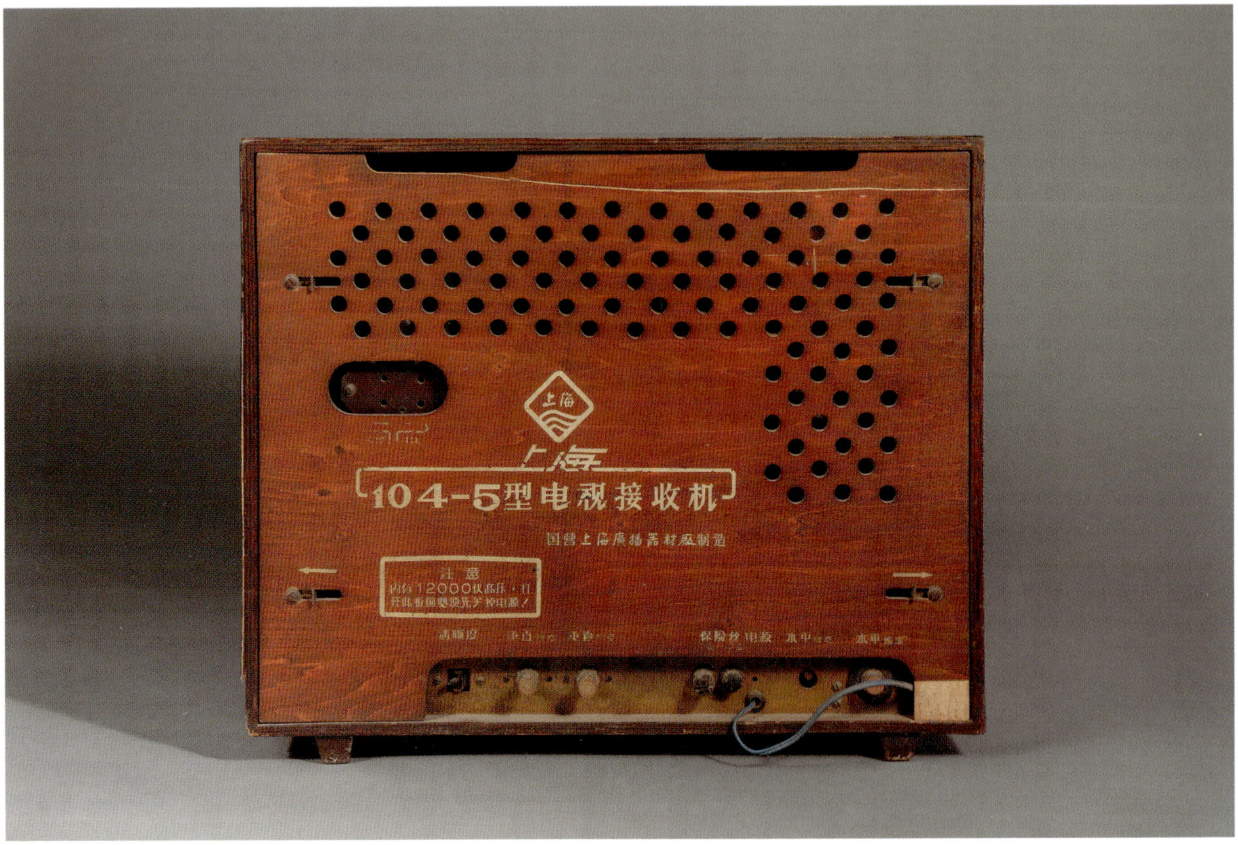
上海
上海
104-5型电视接收机
国营上海廣播器材厰制造
注意

上海牌电子管黑白电视机

长 44 cm 宽 46 cm 高 42 cm，20 世纪 60 年代，国营上海广播器材厂

上海广播器材厂到 20 世纪 50 年代末已具有相当大的规模，成为闻名全国的广播电视产品的生产企业。上海牌 104－5 型电视机就是上海广播器材厂生产的代表产品。

PINDAO
FEIYUE
拉·开

飞跃晶体管黑白电视机

长 35 cm 宽 20 cm 高 22 m，1980 年，上海无线电十八厂

飞跃牌晶体管电视机是我国自主研发生产，也是国内最早投入市场的晶体管电视机。

京东方 110 英寸 4K 超高清终端

长 257 cm 宽 62 cm 高 192 cm，京东方科技集团股份有限公司

京东方 110 英寸 4K 超高清显示屏分辨率可达 3840×2160，相当于全高清的 4 倍，同时搭载京东方独有的 ADSDS 宽视角技术，拥有上下左右 178°的超宽广视角，显示屏亮度达 1000 nits。

天极光电数字录音机

20 世纪 90 年代，深圳天极光电技术实业股份有限公司

我国首批商品化光电数字录音机由深圳天极光电技术实业股份有限公司研发，该成果通过电子工业部鉴定。由科技界、音乐界和广播电视领域的知名专家组成的鉴定委员会，通过对其技术、产品的严格测试考核，认为这项高新科技成果已达到20世纪90年代国际先进水平，对缩短我国电子工业在高密度信息记录领域与国际先进水平的差距起到了重要作用。

GT-1E 型数字式音频磁带光盘记录器

长 43 cm 宽 36.3 cm 高 17.6 cm

AR-4P 型数字式音频磁带光盘记录器
长 44 cm 宽 44.4 cm 高 15 cm

磁盘启动器
长 43 cm 宽 40.2 cm 高 22.1 cm

04

第四章 Chapter 4

电子测量仪器

D.C. RANGES
A.C.&Ω RANGES
CUT-OUT
D.C.& A.C.
COMMON TERMINAL
D.C.& A.C.
SWITCH RANGES

D.C. RANGES
A.C.&Ω RANGES

AVO 万用表

长 17 cm 宽 23 cm 高 12 cm，20 世纪 60 年代，英国 MEGGER 公司

AVOMETER 自从 1923 年问世以来，就是全世界最受欢迎的电子测量类型的工具之一。这款 AVOMETER Model 8 MK. II 万用表主要是为电子广播电视工程师设计的。它具有高直流灵敏度，还提供了交流信号的测量。

A-V-Ω
2500V
D_B
+
*

A-V-Ω

万用表

长 16 cm 宽 19 cm 高 11 cm，1978 年，上海第四电表厂

0,3
0,75
1,5
3
7,5
15
30
A
0,015
0,03
0,075
0,15
СДЕЛАНО В СССР
0 10 20 30 40 50 60 70 80 90 100 110 120 130 140 150
0,015 ÷ 0,15 A
0,3 ÷ 3 A
7,5 ÷ 30 A
32 ÷ 47 mV
49 ÷ 65 mV
87 ÷ 175 mV
2кV
1959г.
91927
М104
0,5
ГОСТ 1845-52

电流表

长 20 cm 宽 29 cm 高 11 cm，1959 年，苏联

0.3
0.75
1.5
0.15
3
0.075
7.5
0.03
15
0.015
A
30
A
电子科技大学

0.3
0.75
1.5
0.15
3
0.075
7.5
0.03
15
0.015
A
30
0 10 20 30 40 50 60 70 80 90 100 110 120 130 140 150
A
1955
0.5
电子科技大学
低值仪表
编号 A21-355

交流电流表

长 20.3 cm 宽 28.4 cm 高 10.2 cm，1970 年，哈尔滨电表仪器厂

C4-2 型电流表是由哈尔滨电表仪器厂生产的一款宽量程指针式交流电流表，嵌入安装在船舶或其他场合电力设备装置上，测量额定工作频率为 50 Hz、60 Hz 的交流电压和交流电流的广角度电表。

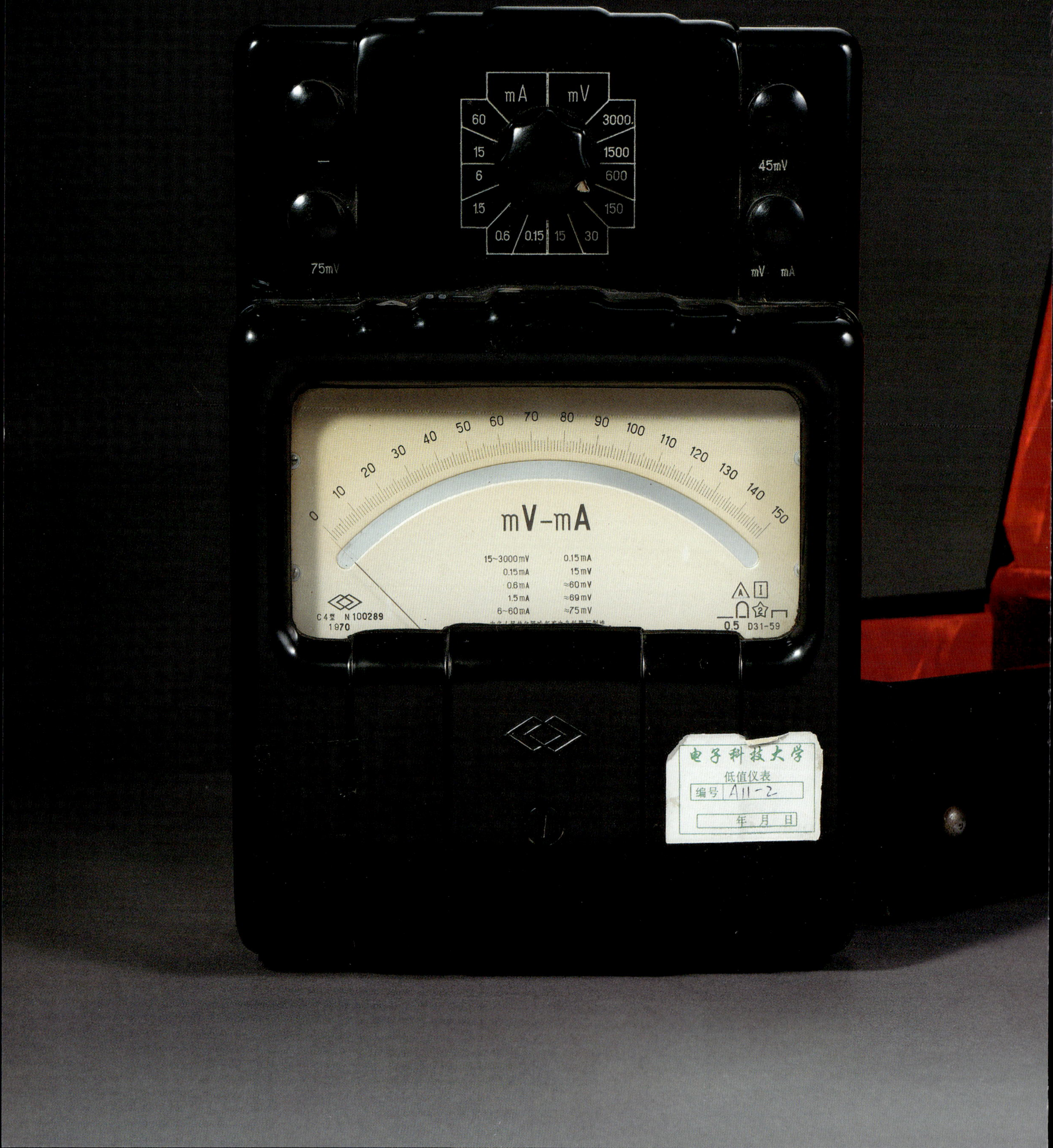
mA
mV
60
15
6
1.5
0.6
0.15
15
30
150
600
1500
3000
75mV
45mV
mV mA
0 10 20 30 40 50 60 70 80 90 100 110 120 130 140 150
mV-mA
15~3000mV 0.15mA
0.15mA 15mV
0.6mA ≈60mV
1.5mA ≈69mV
6~60mA ≈75mV
C4型 N100289
1970
0.5 D31-59
电子科技大学
低值仪表
编号 A11-2
年 月 日

毫伏毫安表

长 20.2 cm 宽 28.7 cm 高 10.6 cm，1965 年，哈尔滨电表仪器厂

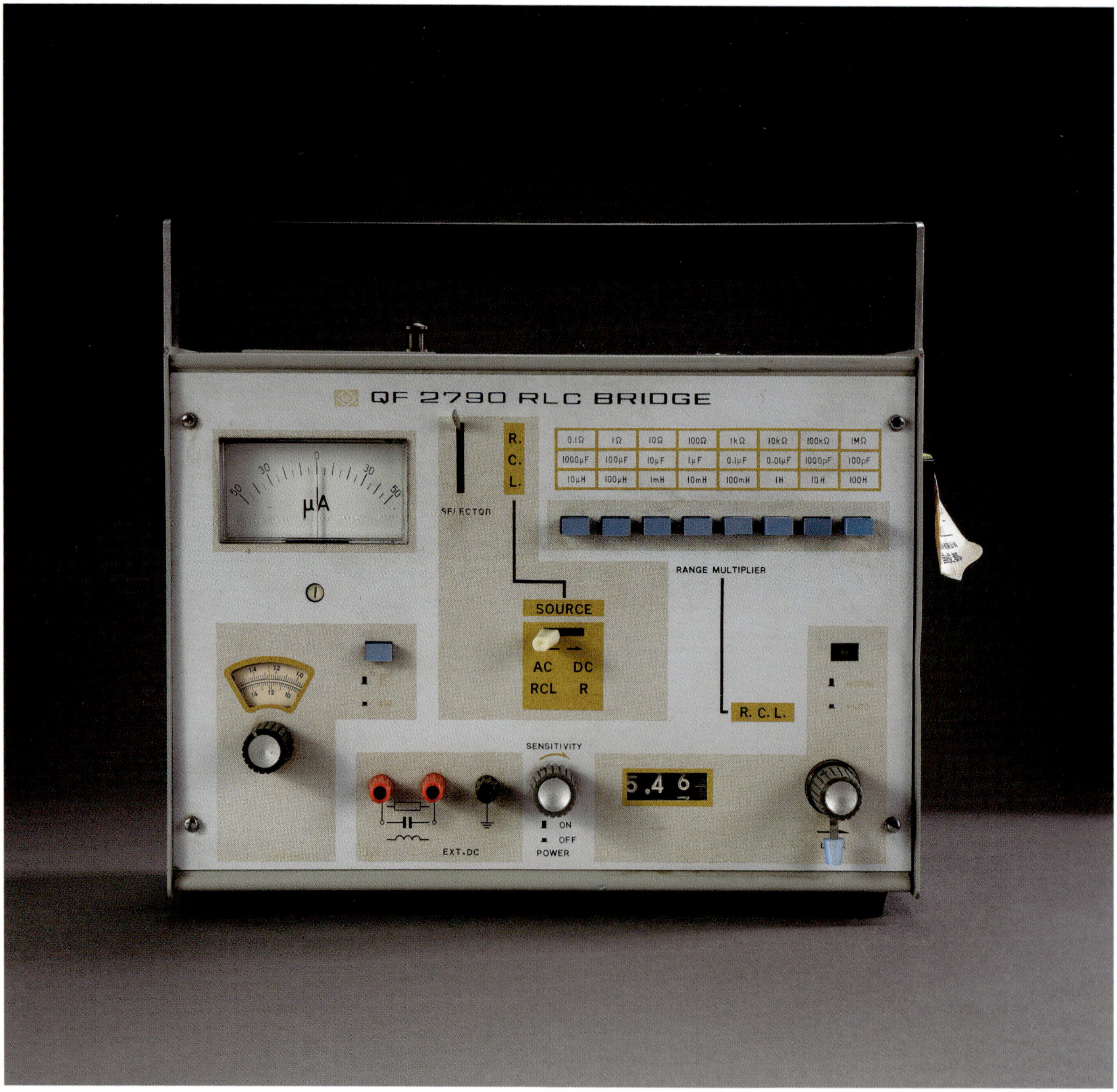

前锋 RLC 电桥

长 28 cm 宽 20 cm 高 7 cm，20 世纪 80 年代，国营前锋无线电仪器厂

该款电桥是由国营前锋无线电仪器厂（现成都前锋电子电器集团股份有限公司）研发的一款模拟式 RLC 电桥。该款电桥可以测量元件的 RLC 特性，并可进行交流和直流耦合以测量元件在不同工况下的参数。

QF 2790 RLC BRIDGE
μA
SELECTOR
R. C. L.
SOURCE
AC DC
RCL R
SENSITIVITY
ON
OFF
POWER
EXT.DC

PrtSc
MULTI PURPOSE
MEASURE
ACQUIRE
STORAGE
RUN/STOP
CURSOR
DISPLAY
UTILITY
AUTO
VERTICAL
HORIZONTAL
TRIGGER
POSITION
POSITION
LEVEL
F1
F2
F3
F4
F5
CH1
MATH
CH2
HORI MENU
SET TO ZERO
TRIG MENU
SCALE
SCALE
FORCE
HELP
VOLTS/DIV
SEC/DIV
CH1
CH2
EXT TRIG
X
Y
All Inputs
1MΩ~20pF
400Vp Max
CAT II
≈3V
1kHz
PROBE
COMP

优利德数字存储示波器

长 30.5 cm 宽 11.5 cm 高 14.8 cm，2006 年，优利德科技（中国）有限公司

UTD2000 系列数字存储示波器是由电子科技大学和优利德科技（中国）有限公司于 2006 年联合开发推出的高性能、低成本的测试仪器。该系列示波器是最早出口海外的国产测试仪器，其年平均销量为 3 万余台，30% 的产品远销美国、德国、巴西、韩国、泰国等海外市场，使我国从该类仪器的完全进口国跃居为重要的出口国，提升了国产测试仪器的核心竞争力。

TD-4A 电离层探测仪
DIANLICENG TANCEYI
警 示

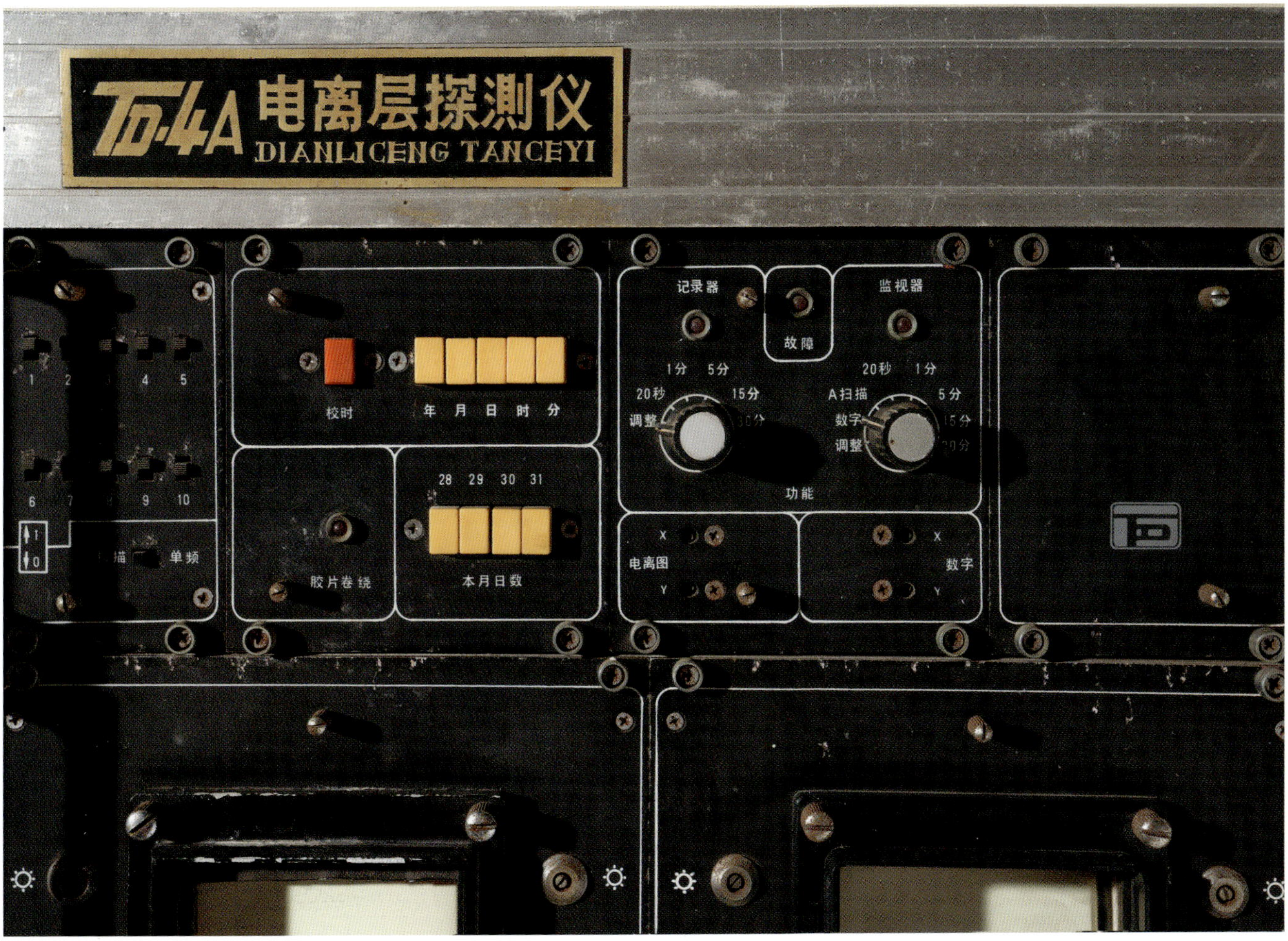

电离层测试仪

长 54.4 cm，宽 65.2 cm，高 148.6 cm，1984 年，中国电子科技集团第二十二研究所

电离层垂直探测仪是探测研究电离层的重要观测和试验设备，也是研究地球大气空间物理特性的重要工具。TD-4A 电离层探测仪采用脉冲调制扫频方案，是中国电波传播研究所 1984 年 12 月研制投产的第四代产品，曾获原电子工业部科技进步二等奖。

05

电子元器件

第五章
Chapter 5

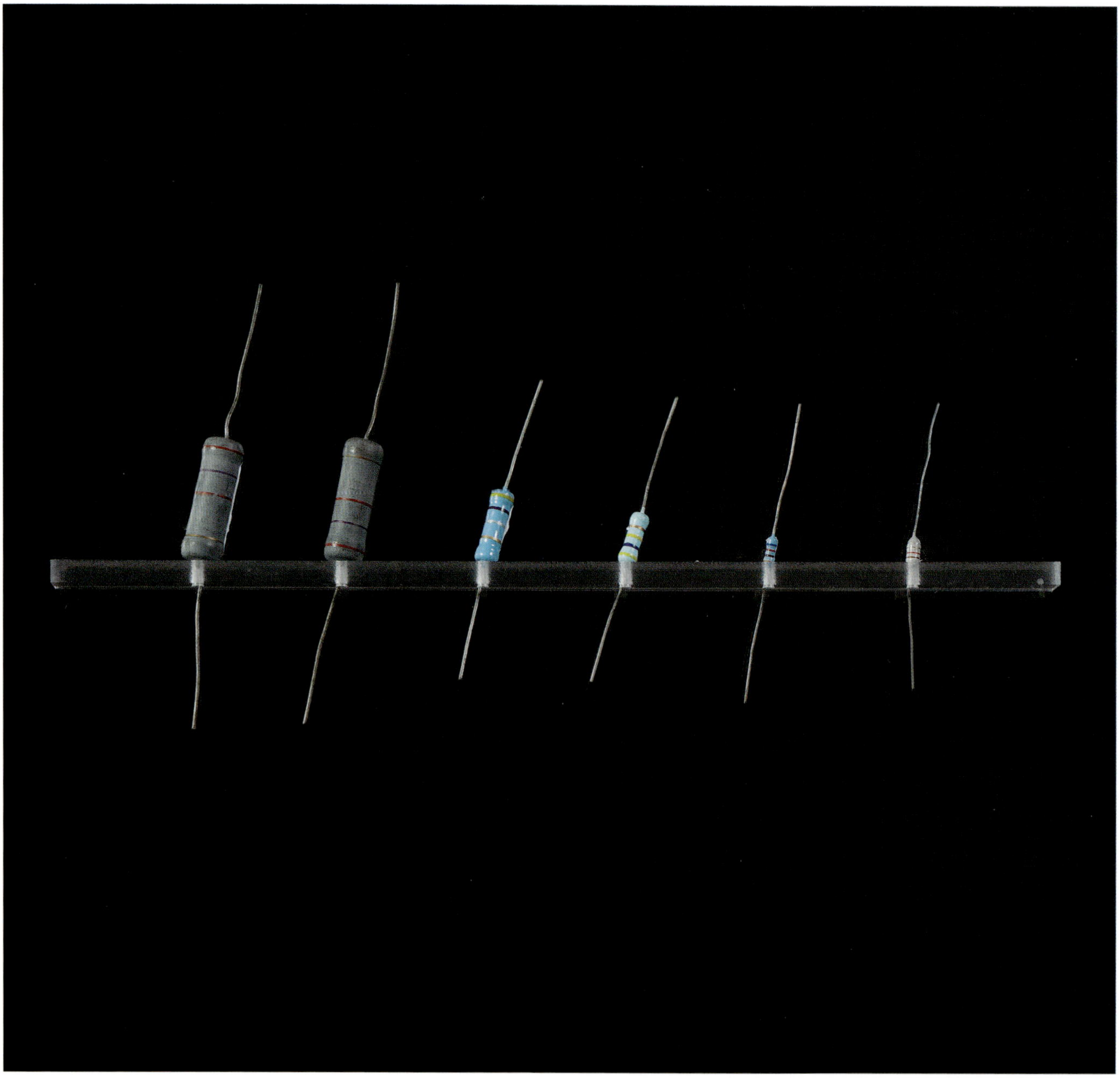

色环电阻

色环电阻是电子电路中最常用的电子元件。色环电阻就是在普通的电阻封装上涂上不一样的颜色的色环，用来区分电阻的阻值。保证在安装电阻时不管从什么方向来安装，都可以清楚地读出它的阻值。色环电阻在最早期是为了帮助人们分辨阻值，因为色环电阻体积比较大。在当今高度集成的情况下，色环电阻已经用得比较少了。

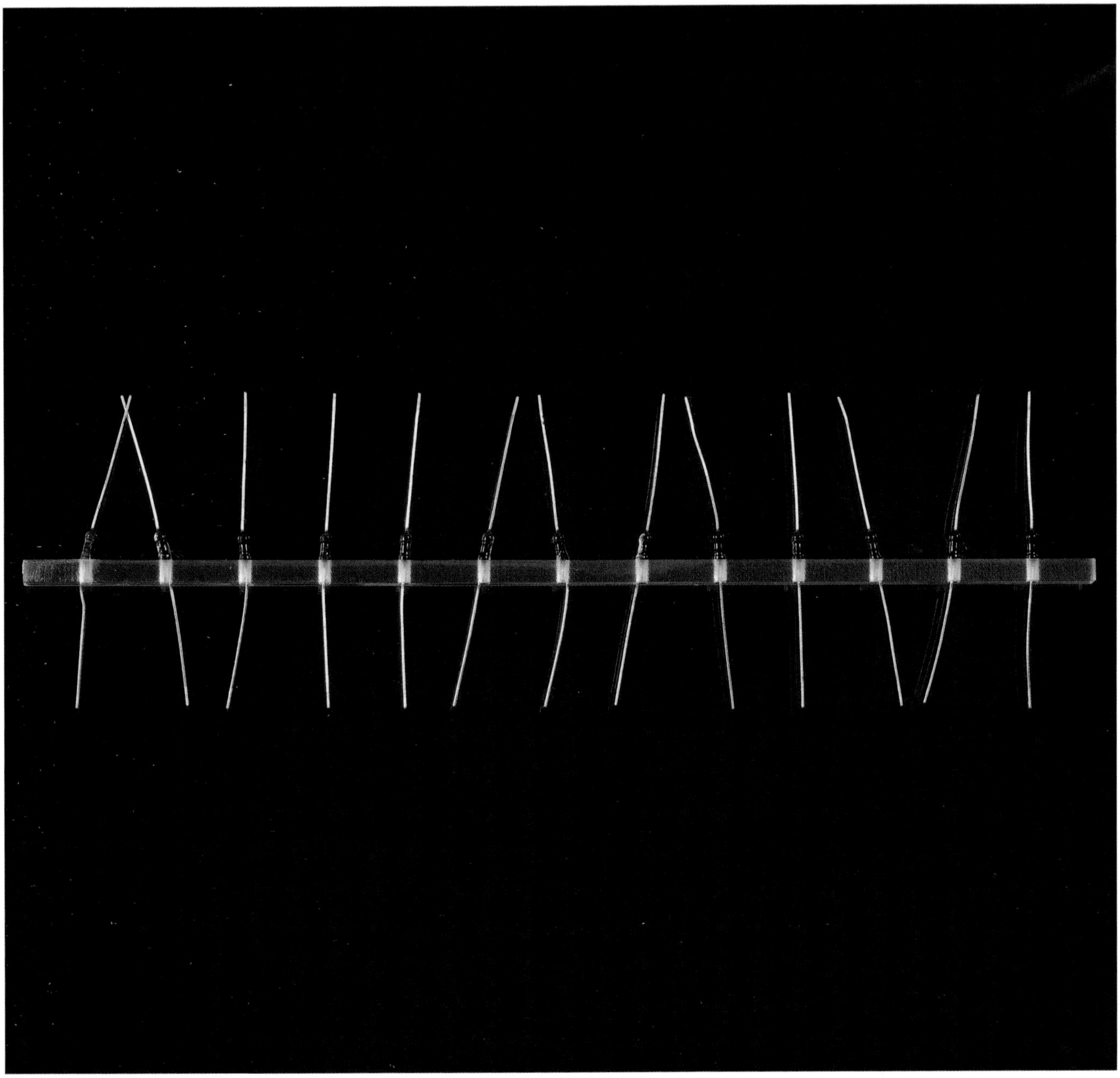

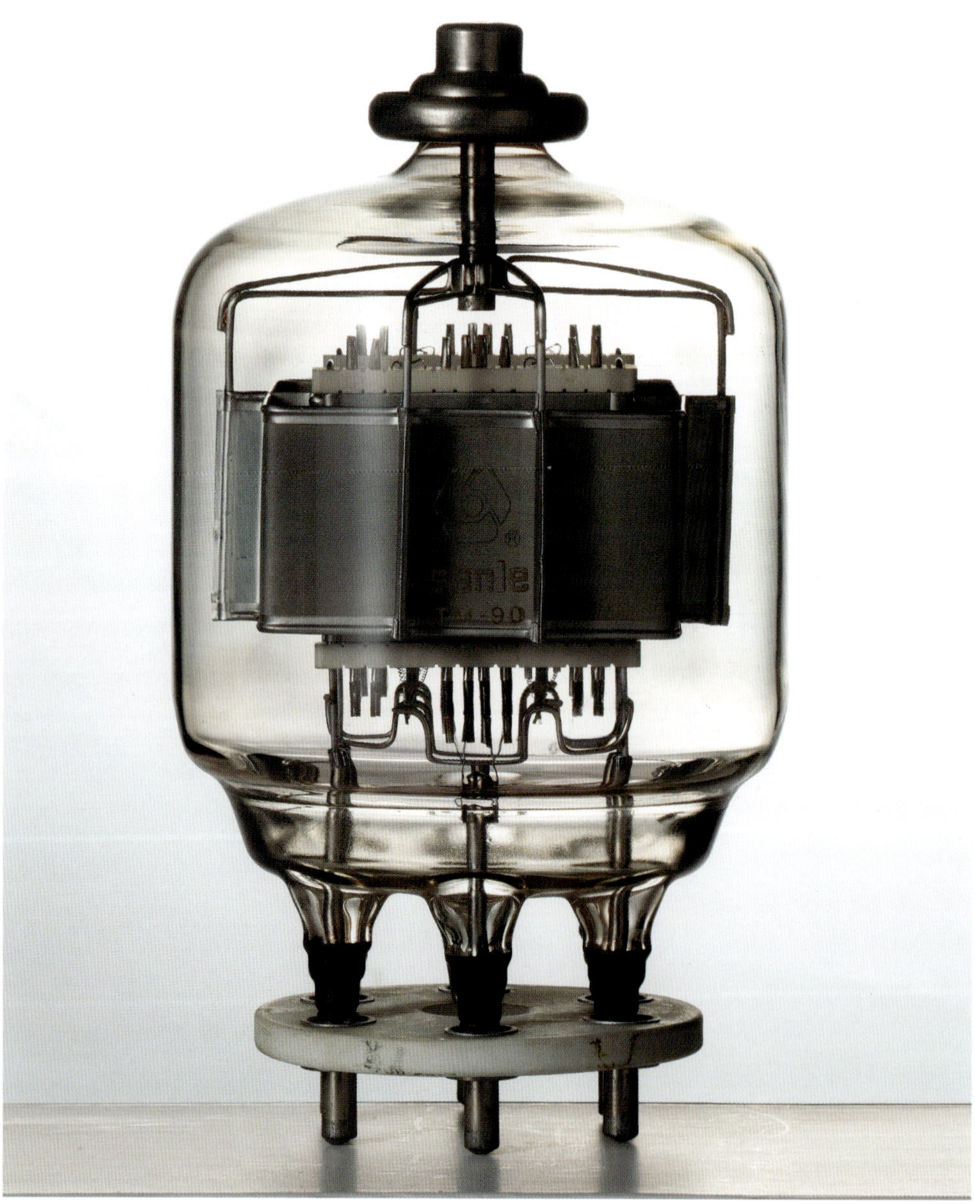

雷达大功率发射管

整流管

电子管

电子管是一种最早期的电信号放大器件。被封闭在玻璃容器（一般为玻璃管）中的阴极电子发射部分、控制栅极、加速栅极、阳极（屏极）引线被焊在管基上。利用电场对真空中的控制栅极注入电子调制信号，并在阳极获得对信号放大或反馈振荡后的不同参数信号数据。早期应用于电视机、收音机、扩音机等电子产品中。

闸流管

水冷电子管

水冷电子管为第一代电力电子器件，用于高频电能变换电路，一般为真空三极管，属于电子管。在高频电源中，电子管处于震荡工作状态，器件上会同时产生很高的电压与电流，产生的大量热能由水冷装置冷却。

水冷电子管
20 世纪 60 年代，英国

水冷电子管
20 世纪 90 年代，北京东方电子管厂

水冷电子管
20 世纪 90 年代，北京东方电子管厂

晶体管

晶体管是一种固体半导体器件，具有检波、整流、放大、开关、稳压、信号调制等多种功能。

高频锗整流管

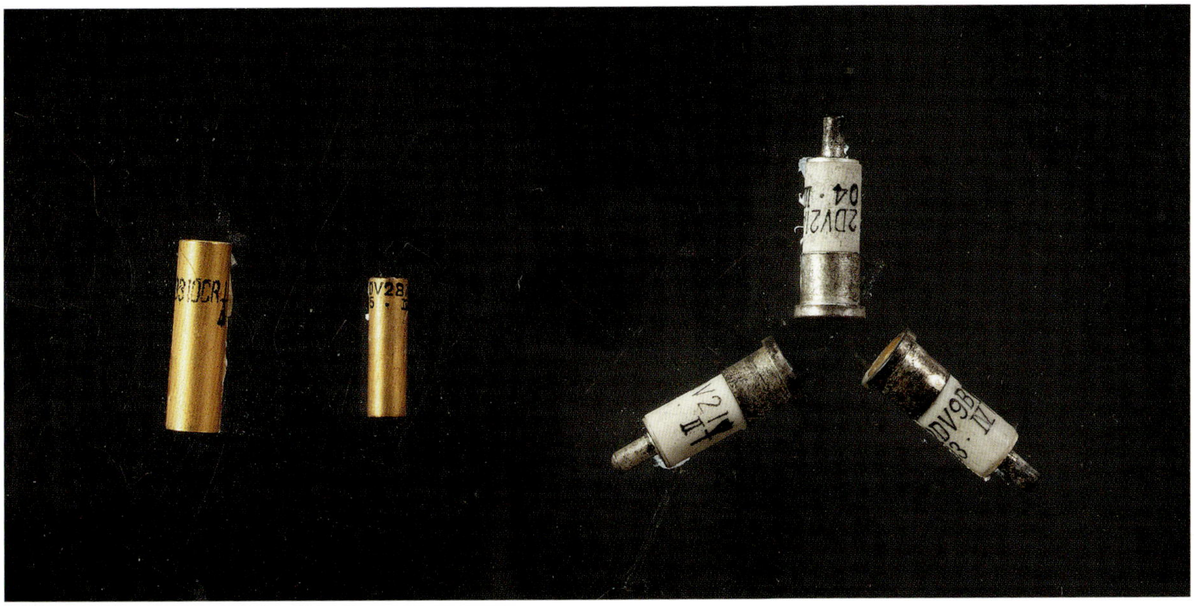

硅点接触二极管

达林顿管

集成电路

20 世纪 70 年代至 21 世纪初，重庆声光电集团

集成电路（Integrated Circuit，IC）是采用特定的加工工艺，按照一定的电路互联，把晶体管、电容、电阻等有源无源器件，集成在一小块半导体晶片上并装在一个管壳内，形成能执行特定电路或系统功能的微型结构。

高速 A/D 转换器

X1525A/X1527 系列集成脉宽调制器

高性能频率合成器

大规模射频接收机单片机电路

大规模射频接收机单片机电路

集成稳压电源

128 位 P 沟铝栅静态移位寄存器

ECL 集成电路

8×4 模拟开关矩阵电路

放大集成电路

8 位高速乘法 D/A 转换器

PIN 开关驱动器

S12 或非门电路

混合电路

CMOS 模拟开关矩阵迹双视频 / 射频模拟开关集成电路

模拟开关

GT31DTL 单片与非门电路

D/A 转换器

单晶硅锭

12 英寸，长 132.5 cm，21 世纪 10 年代，上海华力

将硅料在单晶炉中融化后再经过一系列工序可生长成单晶硅棒子，对单晶硅棒子进行后续加工，从而得到单晶硅锭。

晶圆

4 英寸~18 英寸，21 世纪 10 年代，上海华力

晶圆是指硅半导体集成电路制作所用的硅晶片，由于其形状为圆形，故称为晶圆；在硅晶片上可加工制作成各种电路元件结构，从而构建有特定电性功能的集成电路产品。

赠:电子科技大学
300mm（12英寸）抛光硅片 12" Polished Wafer
上海华力
2019.8
赠:电子科技大学
450mm（18英寸）抛光硅片 18" Polished Wafer
上海华力
2019.8

GK-2A

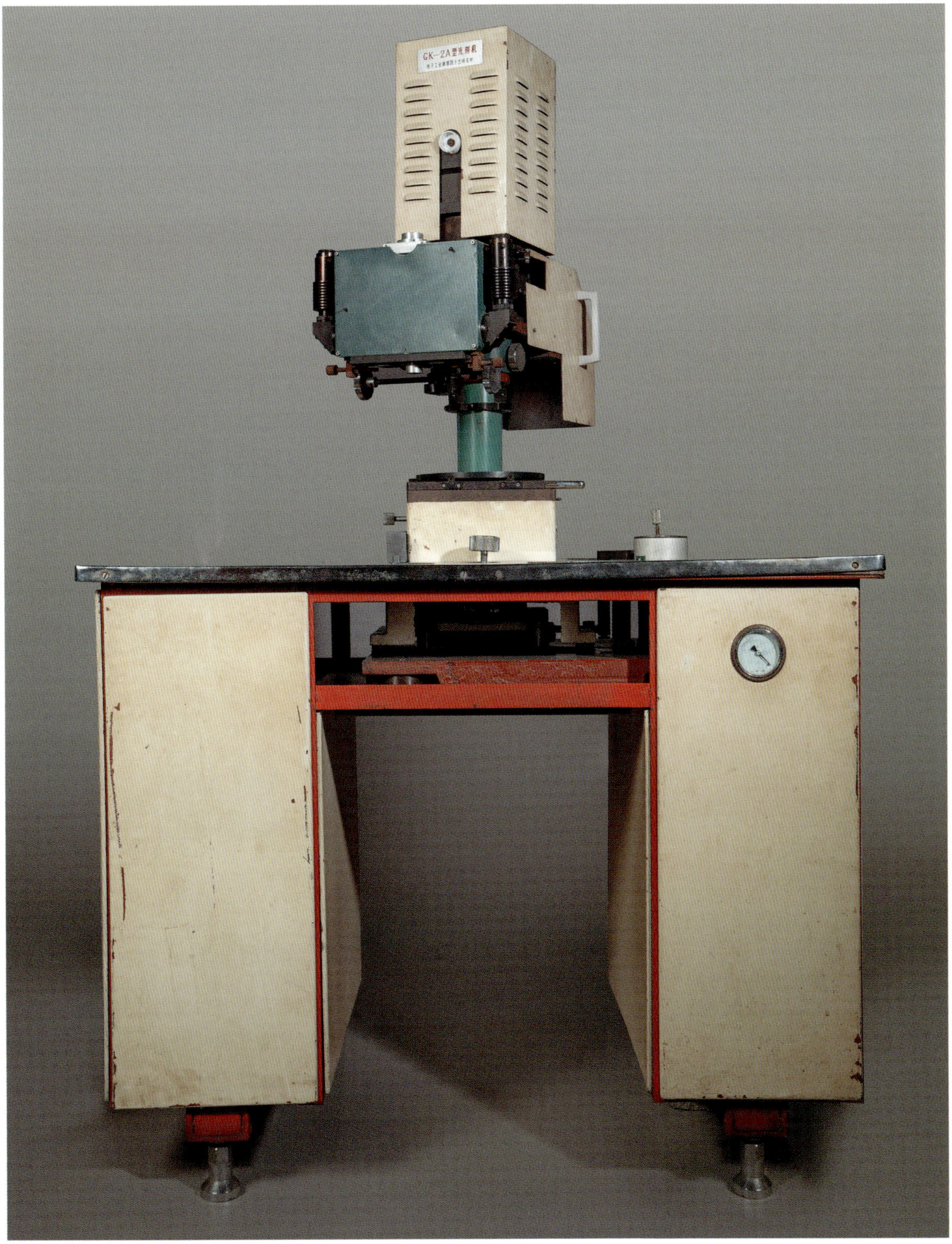

光刻机

长 100 cm 宽 79 cm 高 151.2 cm，1987 年，电子工业部四十五所

电子工业部四十五所研制生产的 GK-2A 型接触接近式光刻机，是制造大规模集成电路及其他半导体的光刻设备，该机采用普通紫外线光谱，可对 Φ100、Φ75、 Φ50、Φ35 等尺寸的硅片及碎片进行光刻。

负阻磁控管

20 世纪 30 年代，美国

负阻磁控管是分离阳极器件，其磁场平行于轴线方向，直流电压加在阴极和阳极段上。负阻磁控管一般工作在 500 MHz 以下，是一种低功率和低效率的器件。由于负阻磁控管存在效率低等缺点，很快就被多腔磁控管所代替。

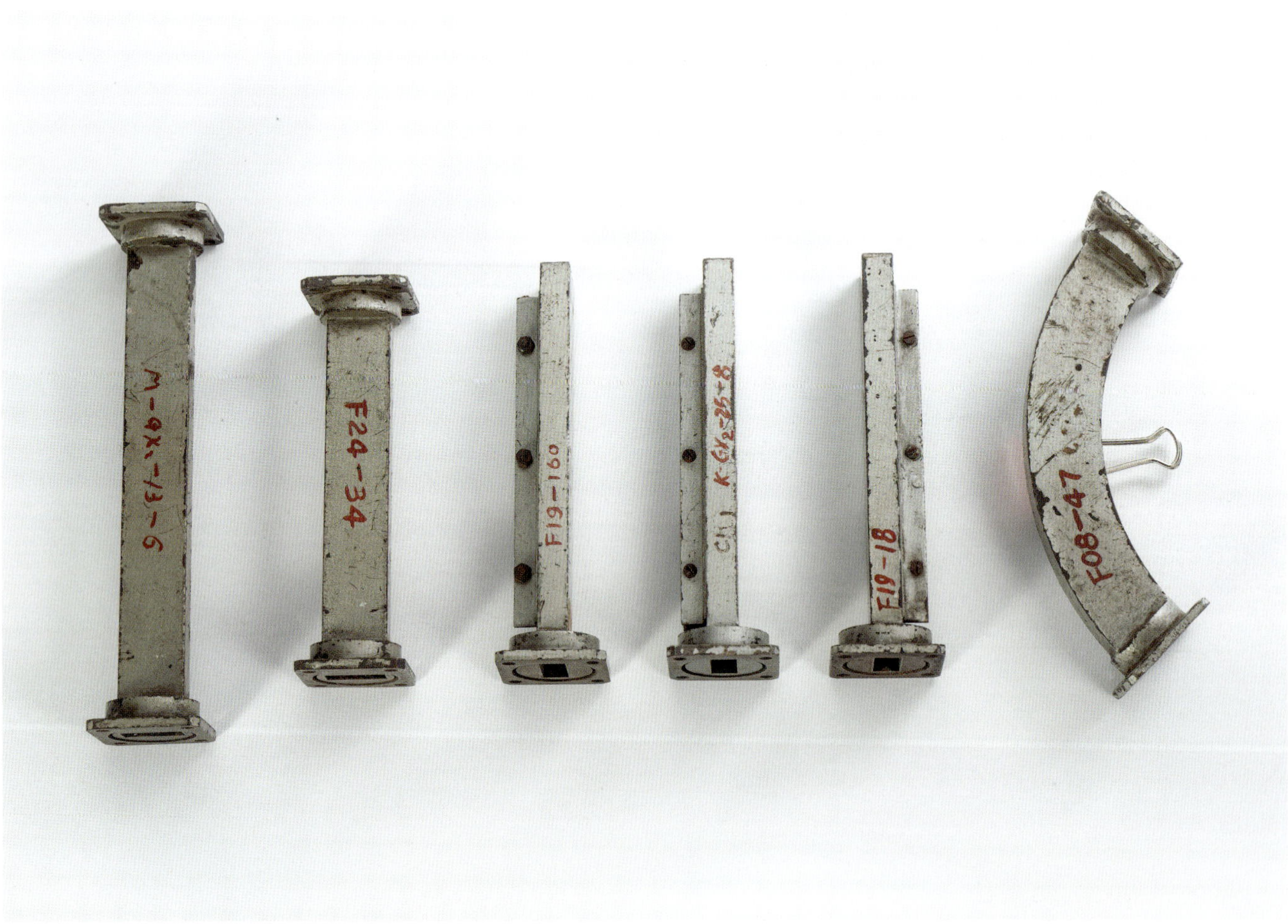

中国第一代波导元件

1958 年，电子科技大学

波导元件是用空心金属波导或空腔等制作的微波电路的基本功能部件。该系列的波导元件是成都电讯工程学院（电子科技大学前身）在1958年根据当时苏联专家列别捷夫的图纸试制的波导元件，是电子科技大学早期的科研成果之一，也是中国最早自行研制的波导元件。

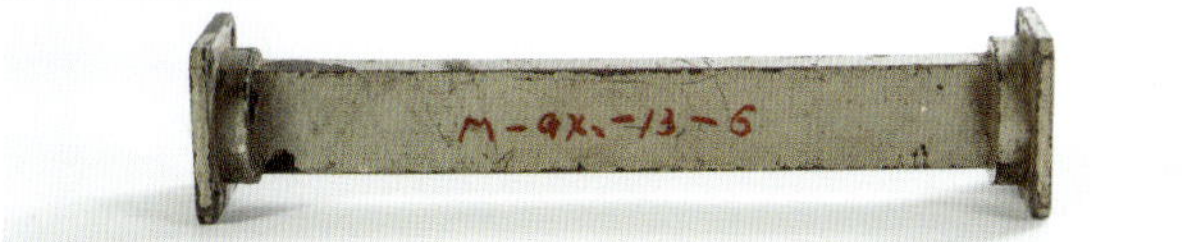

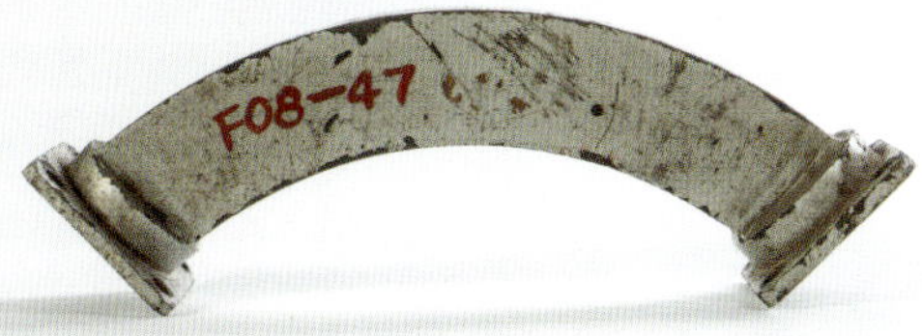
F08-47

F24-34

M-GX 25-1

F19-160

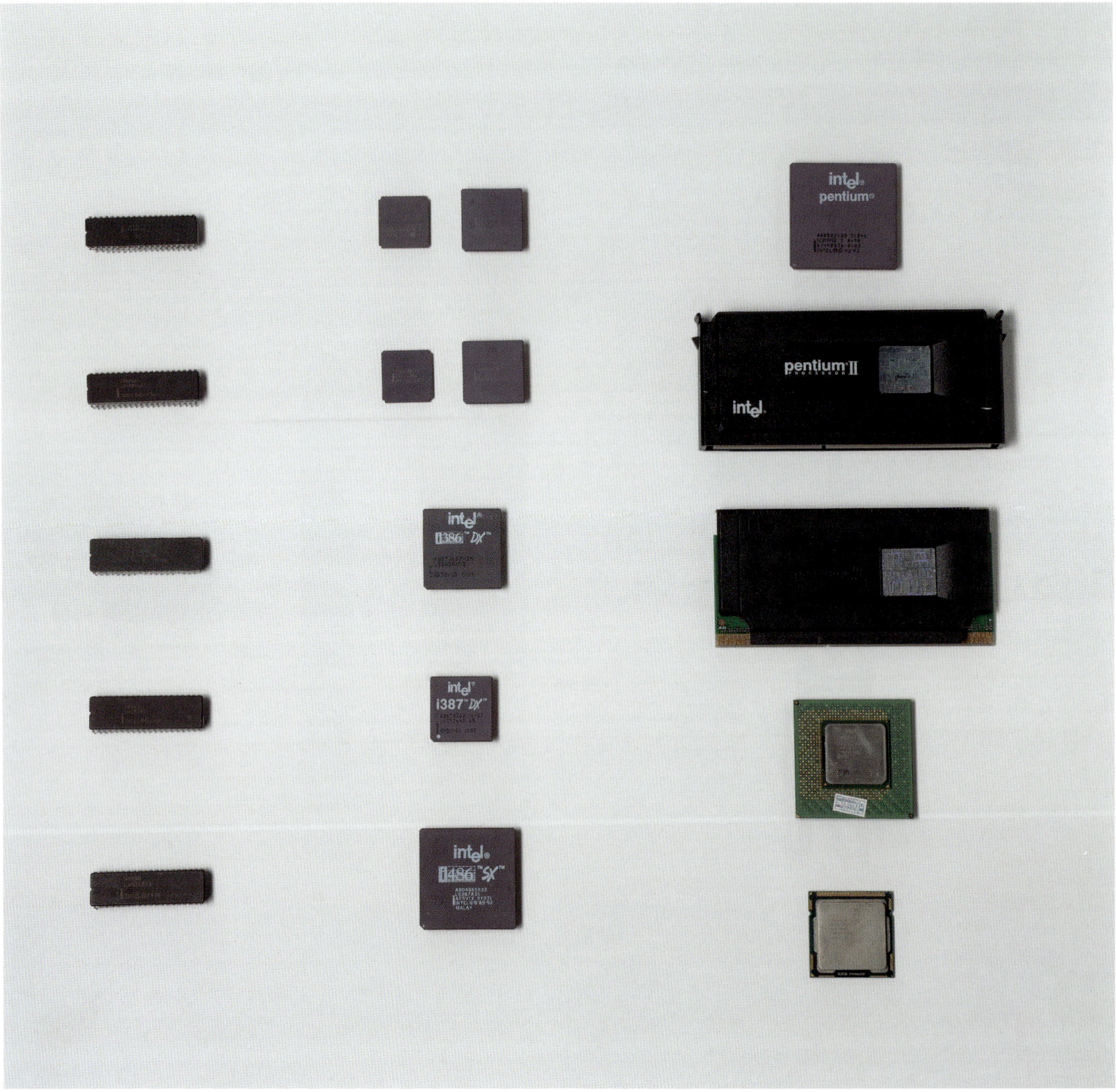

英特尔中央处理器

20 世纪 70 年代至 21 世纪初，美国英特尔公司

英特尔是美国一家以研制中央处理器（CPU）为主的公司，是全球最大的个人计算机零件和 CPU 制造商， 1971 年英特尔推出了全球第一个微处理器 4004，此后又相继推出了奔腾、酷睿等系列的微处理器，这些微处理器所带来的计算机和互联网革命，改变了整个世界。

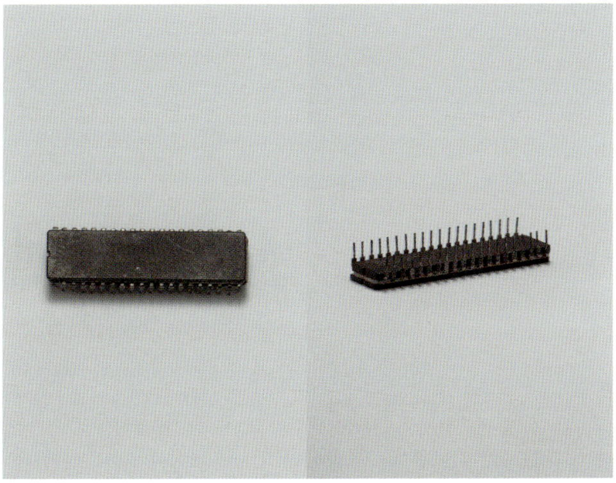

intel
i486™ SX™

intel
pentium

pentium II
intel

pentium III
intel

龙芯1号
龙芯3号
L3A02
L3A02
VQ915TRD AA030
TWN 11 013
Loongson
Loongson
STLS2E02
AAGAA VQ
TWN 11 645

龙芯中央处理器

21 世纪初，中国科学院计算所

“龙芯”是我国最早研制的高性能通用处理器系列，于 2001 年在中科院计算所开始研发，其中“龙芯 1 号”小 CPU 面向工控，“龙芯 2 号”中 CPU 面向终端类应用，“龙芯 3 号”大 CPU 面向桌面与服务器类应用。

IBM
Keyboard Cassette

IBM 计算机

长 47.5 cm 宽 32.5 cm 高 39.5 cm， 20 世纪 80 年代，IBM 公司

1981 年 8 月，IBM 进入个人计算机市场。在个人计算机市场上，IBM 一反常态，进行“技术大开放”，将硬件和软件的技术规范全部公开，并采用了微软公司提供的 DOS 操作系统。IBM 确立了 PC 市场的工业标准，托举了一大批后起之秀，受益者最大的当属微软和英特尔公司。自此，个人计算机时代宣告来临，此次展示的就是 IBM 个人计算机早期产品。

银河 IV 号巨型计算机
20 世纪 90 年代，国防科技大学

银河计算机指由国防科技大学研制的一系列巨型计算机。1983 年"银河 I 号"计算机研制成功，提前两年实现了全国科学大会提出的"到 1985 年我国超高速巨型计算机将投入使用"的目标，使我国跨进了世界研制巨型机国家的行列，标志着中国计算机技术发展到了一个新阶段。如今，"银河"系列超级计算机广泛应用于天气预报、空气动力实验、工程物理、石油勘探、地震数据处理等领域，产生了巨大的社会效益和经济效益。

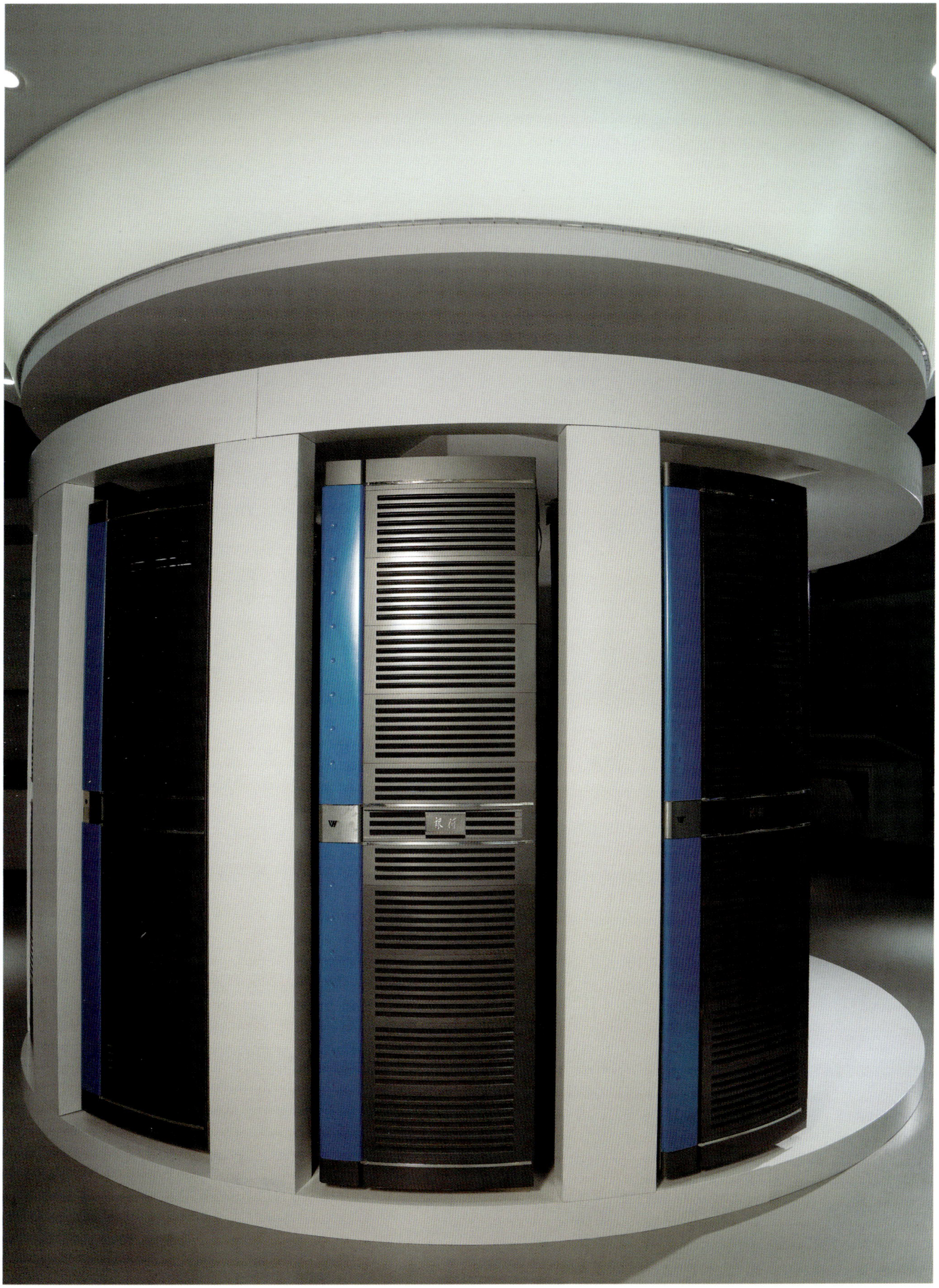
银河

ThinkPad 平板电脑

长 29.6 cm 宽 24.3 cm 高 3.5 cm， 1993 年，美国 IBM 公司

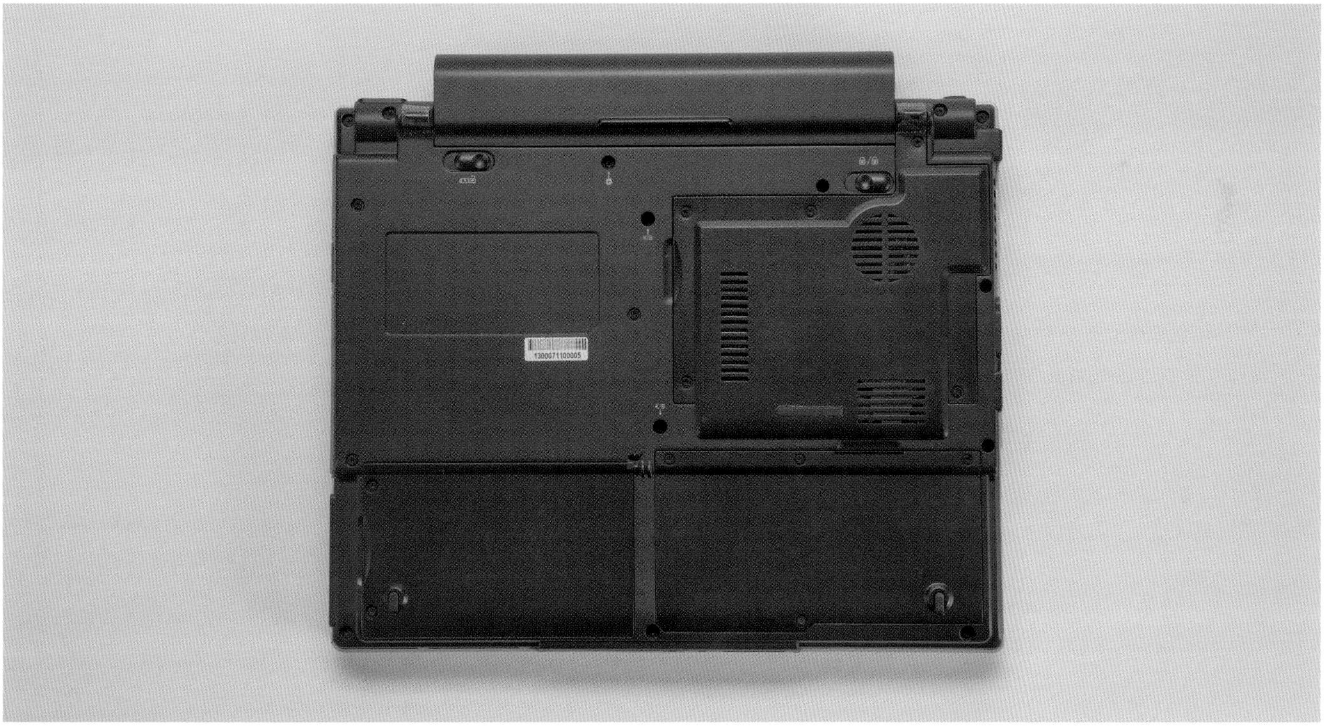

梦兰笔记本电脑

长 30.4 cm 宽 24.3 cm 高 4.4 cm，2008 年，江苏中科梦兰电子科技有限公司

江苏梦兰集团与中科院计算所联合组建的“梦兰龙芯产业化基地”的企业实体，致力于国产龙芯处理器产业化应用。梦兰生产的搭载龙芯芯片的笔记本电脑，是中国第一款自主设计自主制造的笔记本电脑。

宏碁笔记本电脑

长 22.5 cm 宽 18 cm 高 4 cm，2002 年，宏碁公司

宏碁 TravelMate C100 是世界第一款双用平板电脑，除了有完备的笔记本电脑功能之外，还具有创新设计——多样化输入接口，让使用者同时享有手写输入、传统键盘输入和触控式虚拟键盘输入。

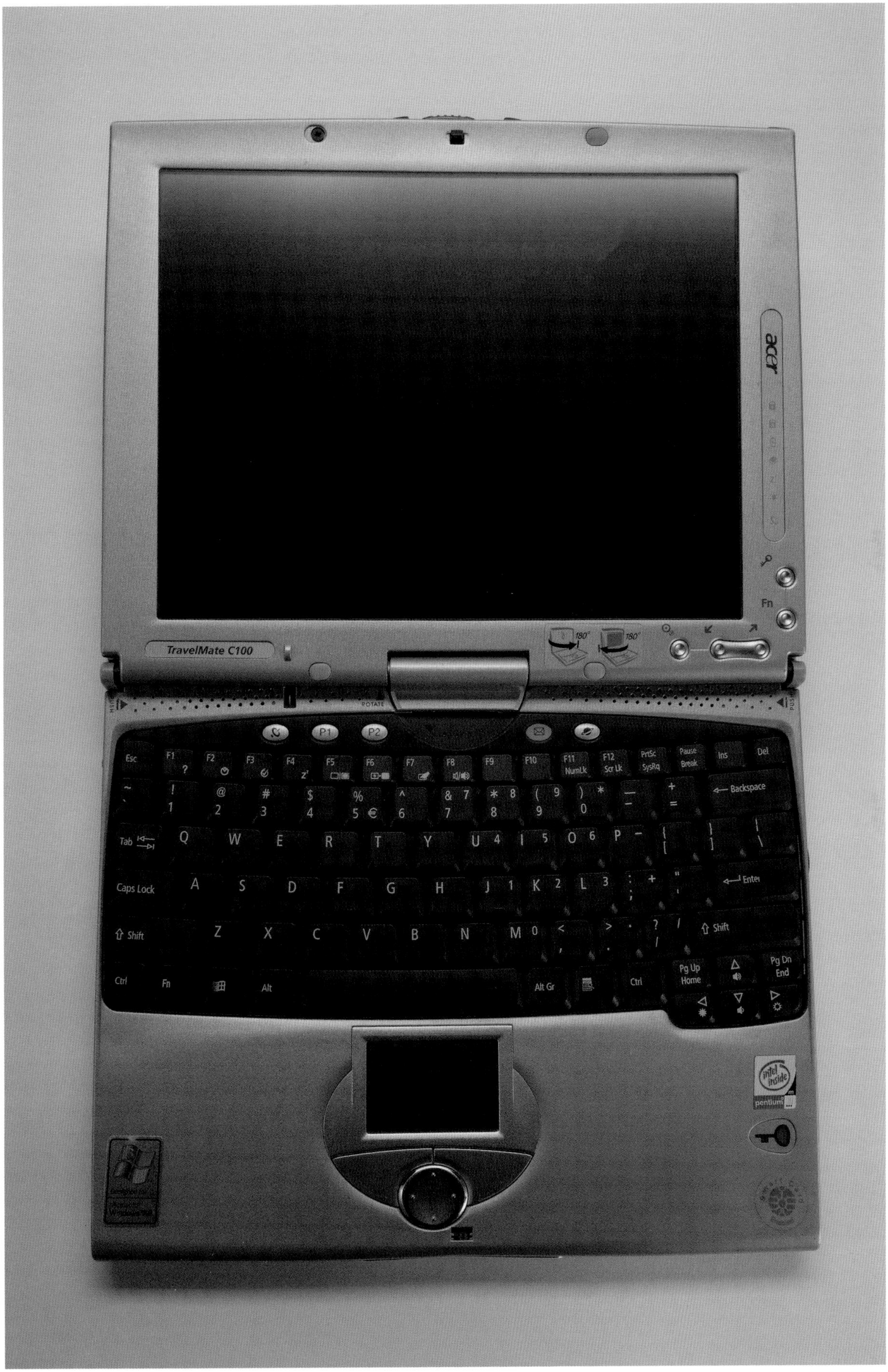
acer
TravelMate C100
ROTATE
Fn
Esc
F1
F2
F3
F4
F5
F6
F7
F8
F9
F10
F11 NumLk
F12 Scr Lk
PrtSc SysRq
Pause Break
Ins
Del
Backspace
Tab
Q W E R T Y U I O P
Caps Lock
A S D F G H J K L
Enter
Shift
Z X C V B N M
Shift
Ctrl
Fn
Alt
Alt Gr
Ctrl
Pg Up Home
Pg Dn End
intel inside
pentium

程序纸带

直径 8.7 cm，20 世纪 60 年代，电子科技大学

程序纸带是利用打孔技术在纸带上打上一系列有规律的孔点，以适应机器的读取和操作，加快工作速度，提升工作效率。是早期向计算机中输入信息的载体。

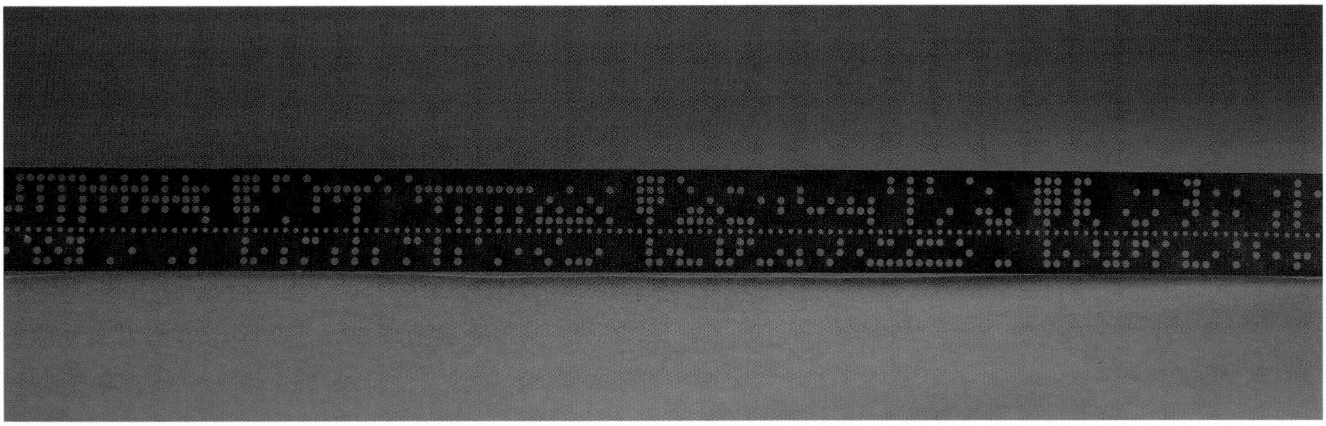

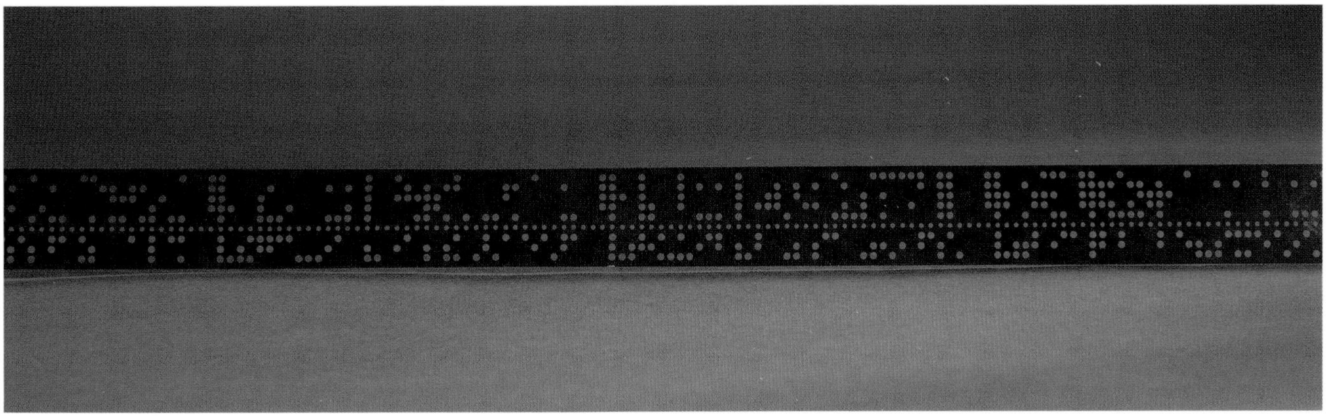

磁芯板 I
长 31.4 cm 宽 19.35 cm

磁芯板 II
长 31.6 cm 宽 18.8 cm

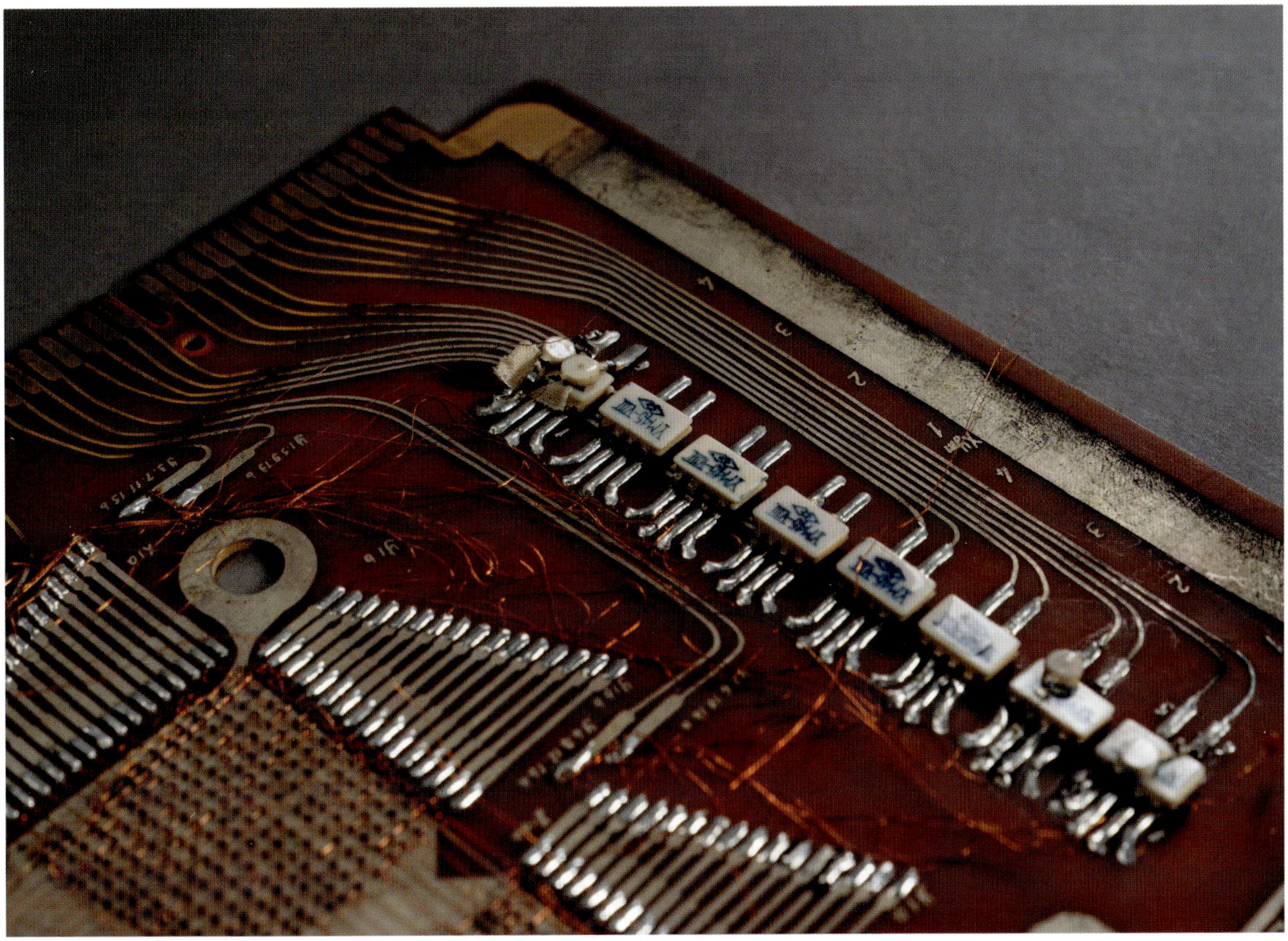

磁芯板

20 世纪 60 年代，电子科技大学

早期的计算机最常见的存储器是各种磁芯制成的。最初的磁芯存储器只有几百个字节的容量。其工作原理是在铁氧体磁环里穿进一根导线，导线中流过不同方向的电流时，可使磁环按两种不同方向磁化，代表“1”或“0”的信息便以磁场形式储存下来。

思科网络交换机

21 世纪初，思科公司

网络交换机 I

长 46.4 cm 宽 27.2 cm 高 38.2 cm

网络交换机 II
长 46.2 cm 宽 46.2 cm 高 63 cm

为未来收藏今天